PIAGET/INHELDER
DIE PSYCHOLOGIE DES KINDES

W

JEAN PIAGET
BÄRBEL INHELDER

# DIE PSYCHOLOGIE
# DES KINDES

WALTER-VERLAG
OLTEN UND FREIBURG IM BREISGAU

DER TITEL DER ORIGINALAUSGABE LAUTET
«LA PSYCHOLOGIE DE L'ENFANT».
ERSCHIENEN BEI PRESSES UNIVERSITAIRES DE FRANCE, PARIS.
© 1966 PRESSES UNIVERSITAIRES DE FRANCE.
DIE ÜBERSETZUNG BESORGTE

# LORENZ HÄFLIGER

SATZ UND DRUCK:
DRUCKEREI UND VERLAGSANSTALT KONSTANZ AM FISCHMARKT
EINBANDARBEITEN: WALTER-VERLAG, BUCHBINDEREI HEITERSHEIM
PRINTED IN GERMANY
ISBN 3-530-65003-X

# INHALT

VORWORT

ERSTES KAPITEL: DIE SENSO-MOTORISCHE STUFE 13

I. Die senso-motorische Intelligenz 15

    1. Reiz-Reaktion und Assimilation 16
    2. Das Stadium I 17
    3. Das Stadium II 19
    4. Das Stadium III 20
    5. Die Stadien IV und V 21
    6. Das Stadium VI 22

II. Die Konstruktion des Wirklichen 23

    1. Der permanente Gegenstand 24
    2. Der Raum und die Zeit 25
    3. Die Kausalität 26

III. Der kognitive Aspekt der senso-motorischen Reaktionen 28

IV. Der affektive Aspekt der senso-motorischen Reaktionen 30

    1. Der ursprüngliche Adualismus 30
    2. Intermediäre Reaktionen 32
    3. Die Objektbeziehungen 33

ZWEITES KAPITEL: DIE ENTWICKLUNG
DER WAHRNEHMUNGEN 37

I. Wahrnehmungs-Konstanzen und Wahrnehmungs-Kausalität 40

    1. Die Formkonstanz 41
    2. Die Größenkonstanz 41
    3. Permanenter Gegenstand und Wahrnehmung 42
    4. Die Wahrnehmungs-Kausalität 43

II. Die Feldeffekte 45

III. Die Wahrnehmungs-Tätigkeiten 48

IV. Wahrnehmungen, Begriffe und Operationen 52

    1. Methoden 52

    2. Begriffe und projektive Wahrnehmungen 54

    3. Wahrnehmungskonstanzen und operative Erhaltungen 54

    4. Schlußfolgerungen 57

DRITTES KAPITEL: DIE SEMIOTISCHE ODER
SYMBOLISCHE FUNKTION 59

## I. Die semiotische Funktion und die Nachahmung 61

    1. Das Auftreten der semiotischen Funktion 62

    2. Die Rolle der Nachahmung 63

    3. Symbole und Zeichen 65

## II. Das symbolische Spiel 66

## III. Die Zeichnung 71

## IV. Die inneren Bilder 75

    1. Die Probleme des Bildes 76

    2. Zwei Typen von Bildern 77

    3. Die Kopien-Bilder 78

    4. Bewegungs- und Transformationsbilder 80

    5. Bilder und Operationen 82

## V. Das Gedächtnis und die Struktur der Bild-Erinnerungen 85

## VI. Die Sprache 88

    1. Entwicklung 89

    2. Sprache und Denken 90

    3. Sprache und Logik 91

    4. Sprache und Operationen 93

    5. Schlußfolgerung 94

VIERTES KAPITEL: DIE «KONKRETEN» DENKOPERATIONEN
UND DIE INTERINDIVIDUELLEN BEZIEHUNGEN 97

## I. Die drei Stufen beim Übergang von der Aktion zur Operation 99

## II. Die Entstehung der «konkreten» Operationen 102

    1. Erhaltungsbegriffe 103

    2. Die konkreten Operationen 105

    3. Die Aneinanderreihung 106

    4. Die Klassifizierung 107

    5. Die Zahl 108

    6. Der Raum 110

    7. Zeit und Geschwindigkeit 111

III. Die Vorstellung des Universums. Kausalität und Zufall 113

IV. Die sozialen und affektiven Interaktionen 116

    1. Die Entwicklung 117

    2. Das Problem 118

    3. Die Sozialisierung 120

V. Gefühle und moralische Urteile 124

    1. Entstehung und Verpflichtung 125

    2. Die Heteronomie 126

    3. Der moralische Realismus 127

    4. Die Autonomie 128

VI. Schlußfolgerung 129


FÜNFTES KAPITEL: DIE VORADOLESZENZ UND
DIE AUSSAGE-OPERATIONEN 131

I. Das formale Denken und die Kombinatorik 134

    1. Die Kombinatorik 134

    2. Kombinationen von Gegenständen 135

    3. Aussage-Kombinationen 136

II. Die «Gruppe» der beiden Reversibilitäten 138

III. Die formalen operativen Schemata 141

    1. Die Proportionen 142

    2. Doppelte Bezugssysteme 143

    3. Hydrostatisches Gleichgewicht 144

    4. Die Wahrscheinlichkeitsbegriffe 145

IV. Die Induktion der Gesetze und die Trennung der Faktoren 145

    1. Die Elastizität 146

    2. Das Pendel 148

V. Die affektiven Transformationen 149


SCHLUSSFOLGERUNG 153

Bibliographie 159

# VORWORT

*Die Psychologie des Kindes*[1] untersucht das geistige Wachstum oder, was auf dasselbe hinausläuft, die Entwicklung der Verhaltensweisen (das heißt des Verhaltens einschließlich des Bewußtseins) bis in die Übergangsphase der Adoleszenz, während der sich das Individuum in die Erwachsenengesellschaft einfügt. Das geistige Wachstum ist nicht zu trennen vom körperlichen Wachstum, insbesondere nicht von der Reifung des Nerven- und Hormonsystems, die etwa bis zum 16. Lebensjahr dauert. Will man dieses geistige Wachstum verstehen, so genügt es also nicht, bis zur Geburt zurückzugehen, denn es gibt eine Embryologie der Reflexe (Minkowski), die sich mit der Motorik des Fötus beschäftigt, und man hat auch schon auf ein präperzeptives Verhalten des Embryos in Bereichen wie der Wahrnehmung taktilo-kinästhetischer Kausalität hingewiesen (Michotte)[2]. Daraus geht, unter einem theoretischen Gesichtspunkt, auch hervor, daß die Psychologie des Kindes als eine Wissenschaft anzusehen ist, die einen besonderen Ausschnitt einer allgemeinen Embryogenese studiert, die weit über die Geburt hinausreicht und das ganze, organische wie geistige, Wachstum bis zu jenem Zustand relativer Ausgeglichenheit umfaßt, den das Erwachsensein darstellt.

Die Einflüsse der Umwelt werden freilich, vom Organischen wie vom Geistigen her gesehen, von der Geburt an immer bedeutungsvoller. Die Psychologie des Kindes kann sich deshalb nicht damit begnügen, auf biologische Reifungsfaktoren zurückzugreifen, denn andere zu beachtende Faktoren ergeben sich aus der Übung und der erworbenen Erfahrung, aus dem sozialen Leben allgemein.

---

[1] Dieses Buch soll eine Synthese verschiedener Arbeiten, auch eigener, über die Psychologie des Kindes sein. Es wurde für die Reihe «Que sais-je» des französischen Originalverlags geschrieben.

[2] A. Michotte, *La perception de la causalité*.

Die Psychologie des Kindes studiert das Kind an sich und seine geistige Entwicklung. Man muß sie in dieser Hinsicht von der «genetischen Psychologie» unterscheiden, obwohl sie deren grundlegendes Werkzeug darstellt. Um jedes Mißverständnis in der Terminologie auszuschließen, wollen wir zuerst festhalten, daß das Wort «genetisch» im Ausdruck «genetische Psychologie» von den Psychologen schon in der zweiten Hälfte des 19. Jahrhunderts eingeführt wurde, also bevor es die Biologen in einem engeren Sinne verwendeten. In der heutigen Sprache der Biologen bezieht sich «Genetik» ausschließlich auf Mechanismen der Vererbung und gerade nicht auf embryogenetische oder ontogenetische Prozesse. Der Begriff «genetische Psychologie» hingegen bezieht sich auf die individuelle Entwicklung (Ontogenese). Man könnte jetzt versucht sein, die Ausdrücke «Psychologie des Kindes» und «genetische Psychologie» als gleichbedeutend anzusehen, aber sie unterscheiden sich durch eine wichtige Nuance: die Psychologie des Kindes studiert das Kind an sich, während man heute unter «genetischer Psychologie» eher die allgemeine Psychologie (Studium der Intelligenz, der Wahrnehmungen usw.) versteht, insofern diese die geistigen Funktionen von ihrer Bildungsweise, also von ihrer Entwicklung beim Kind her zu erklären versuchte. Nachdem man zum Beispiel die logischen Gedankengänge, Operationen und Strukturen allein beim Erwachsenen, also im vollendeten und statischen Zustand, untersucht hatte – was gewisse Autoren (die deutsche *Denkpsychologie*) dazu brachte, im Denken einen «Spiegel der Logik» zu sehen –, fragte man sich schließlich, ob die Logik angeboren sei oder schrittweise aufgebaut werde usw. Um solche Probleme zu lösen, befaßte man sich dann mit dem Kind, und in diesem Zusammenhang wurde die Psychologie des Kindes in den Rang einer «genetischen Psychologie» erhoben, das heißt, sie wurde zu einem wichtigen Werkzeug der erklärenden Analyse, mit dessen Hilfe die Probleme der allgemeinen Psychologie gelöst werden sollten.

Da die genetische Methode heute auf allen Gebieten der Psychologie (man denke nur an die beträchtliche Rolle, welche die Psychoanalyse der Kindheit zumißt) eine große Bedeutung erlangt hat, erhält die Psychologie des Kindes eine Art Schlüsselstellung in den verschiedensten Bereichen. In diesem Buch wollen wir uns vor allem auf den

Standpunkt der genetischen Psychologie stellen: das Kind ist an sich schon von hohem Interesse; dazu kommt, daß das Kind ebensosehr, wenn nicht noch mehr, den erwachsenen Menschen erklärt, wie der erwachsene Mensch das Kind, denn der Erwachsene erzieht zwar das Kind durch mannigfaltige Mittel sozialer Weitergabe, doch jeder Erwachsene, auch der schöpferische, hat als ein Kind begonnen – in vorgeschichtlicher Zeit ebenso wie heute.

# ERSTES KAPITEL

# DIE SENSO-MOTORISCHE STUFE

Wenn das Kind zum Teil den Erwachsenen erklärt, muß man auch sagen, daß jede Entwicklungsstufe zum Teil für die folgenden verantwortlich ist. Das ist in der Zeit besonders klar, da das Kind noch nicht sprechen kann. Man kann sie die «senso-motorische» Stufe nennen, weil das Kleinkind, mangels einer symbolischen Funktion, noch kein Denken und keine Affektivität zeigt, die mit Vorstellungen verbunden wären, durch die es Personen oder Gegenstände in ihrer Abwesenheit bezeichnen könnte. Doch trotz dieser Lücken ist die geistige Entwicklung im Laufe der ersten achtzehn Monate[1] des Lebens besonders rasch und besonders wichtig, weil das Kind auf dieser Stufe die Gesamtheit der kognitiven Substrukturen aufbaut, die als Ausgangspunkt für seine späteren perzeptiven und intellektuellen Konstruktionen dienen, und ebenso eine gewisse Zahl elementarer affektiver Reaktionen, die zum Teil seine kommende Affektivität bestimmen.

## 1. Die senso-motorische Intelligenz

Für welche Kriterien der Intelligenz man sich auch entscheidet (gelenktes tastendes Versuchen nach Claparède, plötzliches Verstehen oder *Insight* nach W. Köhler oder K. Bühler, Koordinierung der Mittel und der Ziele usw.), alle sind sich darin einig, daß es vor der Sprache eine Intelligenz gibt. Diese Intelligenz ist in ihrem Wesen auf das Praktische ausgerichtet, das heißt, sie erstrebt Erfolge und will nicht Wahrheiten aussprechen, aber es gelingt ihr doch schon, eine Gesamtheit von Aktionsproblemen (entfernte, verborgene usw. Gegenstände erreichen) zu lösen, indem sie ein komplexes System von Assimilationsschemata konstruiert, und die Wirklichkeit gemäß einem System von raum-zeitlichen und kausalen Strukturen zu organisieren. Mangels einer Sprache und einer symbolischen Funktion stützen sich diese

---

[1] Es sei hier ein für allemal festgehalten, daß Altersangaben in diesem Buch immer nur ein durchschnittliches und erst noch ungefähres Alter meinen.

Konstruktionen ausschließlich auf Wahrnehmungen und Bewegungen, sie vollziehen sich also mittels senso-motorischer Koordination, ohne daß die Vorstellungskraft oder das Denken mitwirken.

## I. Reiz-Reaktion und Assimilation

Es gibt somit eine senso-motorische Intelligenz, aber es ist sehr schwierig, den Zeitpunkt zu bestimmen, da sie auftritt. Genauer gesagt, die Frage ist sinnlos, denn ihre Lösung hängt immer von der willkürlichen Wahl eines Kriteriums ab. Gegeben ist eine bemerkenswert kontinuierliche Abfolge von Stadien, die jeweils einen neuen Teilfortschritt markieren, bis schließlich die erreichten Verhaltensweisen Merkmale aufweisen, die dieser oder jener Psychologe als die der «Intelligenz» anerkennt (wobei sich alle Autoren darin einig sind, diese Qualifikation zumindest dem letzten dieser Stadien, zwischen 12 und 18 Monaten, zuzuerkennen). Von den spontanen Bewegungen und dem Reflex zu erworbenen Gewohnheiten und von diesen zur Intelligenz gibt es eine kontinuierliche Progression, und das eigentliche Problem besteht darin, den Mechanismus dieser Progression zu erfassen.

Für viele Psychologen ist dieser Mechanismus die *Assoziation*, die es gestattet, die bedingten Reflexe und viele andere Erwerbungen kumulativ zu addieren: jede Erwerbung, von der einfachsten bis zur komplexesten, wäre folglich aufzufassen als eine Reaktion auf die äußeren Reize, und zwar eine Reaktion, deren assoziativer Charakter eine einfache Unterordnung der erworbenen Beziehungen unter die äußeren Beziehungen zum Ausdruck bringt. Einer der Autoren[2] hat im Gegensatz dazu angenommen, dieser Mechanismus bestehe in einer *Assimilation* (vergleichbar der biologischen Assimilation im weitesten Sinne), das heißt, jede neue Beziehung werde in ein bereits bestehendes Schema oder in eine bereits bestehende Struktur integriert: das organisierende Tun des Subjekts ist dann als ebenso wich-

[2] J. Piaget, La naissance de l'intelligence. Deutsch: Das Erwachen der Intelligenz beim Kinde. Vgl. für diesen und alle weiteren genannten Titel die Bibliographie am Schluß des Buches.

tig wie die den äußeren Reizen inhärenten Beziehungen zu betrachten, denn das Subjekt wird für diese nur in dem Maße empfänglich, wie sie an bereits aufgebaute Strukturen assimilierbar sind; diese Strukturen würden durch neue Assimiliationen verändert und bereichert. Mit anderen Worten, der Assoziationismus begreift das Schema Reiz-Reaktion in der einseitigen Form Reiz → Reaktion, während der Gesichtspunkt der Assimilation eine gegenseitige Beziehung Reiz ⇄ Reaktion oder, was auf dasselbe hinausläuft, eine Mitwirkung des Subjekts oder des Organismus[3] – nach dem Schema Reiz → Organismus → Reaktion – annimmt.

## 2. Das Stadium I

Der Ausgangspunkt der Entwicklung ist tatsächlich nicht in den Reflexen zu suchen, die als einfache, isolierte Reaktionen aufgefaßt werden, sondern in spontanen und totalen Tätigkeiten des Organismus (wie sie von Holst und andere studiert haben) und in dem Reflex, der zugleich als eine Differenzierung dieser Tätigkeiten und in gewissen Fällen (Reflexe, die sich durch Übung entwickeln, anstatt zu verkümmern oder unverändert zu bleiben) als zu einer funktionellen Aktivität befähigt verstanden wird, welche die Bildung von Assimilationsschemata nach sich zieht.

Man hat nämlich einerseits gezeigt – und zwar durch die Untersuchung der tierischen Verhaltensweisen und der elektrischen Wellen des Nervensystems –, daß der Organismus nie passiv ist, sondern spontan und global in rhythmischer Weise tätig ist. Andererseits hat die embryologische Analyse der Reflexe (Coghill u. a.) erbracht, daß sich diese durch Differenzierung aus globaleren Aktivitäten entwickeln: im Falle der Bewegungsreflexe der Frösche zum Beispiel bewirkt ein Gesamtrhythmus eine Folge von differenzierten und koordinierten Reflexen und nicht umgekehrt.

---

3 Der Organismus wirkt schon bei Hull als intermediäre Variable mit, aber im Sinne einer bloßen Reduktion der Bedürfnisse und nicht als eine organisierende Struktur.

Was die Reflexe des Neugeborenen betrifft, so geht daraus hervor, daß diejenigen unter ihnen, die für die Zukunft von besonderer Bedeutung sind (die Saugreflexe oder der Greifreflex, der in das spätere absichtliche Zugreifen integriert wird), die Ursache von dem sind, was einer der Autoren eine «Reflex-Übung», das heißt eine Konsolidierung durch funktionelle Übung, genannt hat. Nach einigen Tagen saugt das Neugeborene mit mehr Sicherheit, es findet die Brustwarze, nachdem es sie verloren hat, leichter wieder usw. als bei den ersten Versuchen[4]. Die reproduktive oder funktionelle Assimilation, die diese Übung gewährleistet, setzt sich andererseits fort in einer verallgemeinernden Assimilation (leeres Saugen zwischen den Mahlzeiten und Saugen an neuen Gegenständen) und in einer wiedererkennenden Assimilation (Unterscheidung der Brustwarze von anderen Gegenständen).

Ohne daß man in diesen Fällen von Erwerbungen im eigentlichen Sinne des Wortes sprechen kann – denn die assimilierende Übung geht nicht über den gegebenen Rahmen der erblich festgelegten Mechanismen hinaus –, spielt ebendiese Assimilation dennoch eine grundlegende Rolle, denn die Tätigkeit, die es verbietet, den Reflex als einen reinen Automatismus zu betrachten, trägt anderseits späteren Ausweitungen des Reflexschemas und der Ausbildung der ersten Gewohnheiten Rechnung. Um beim Beispiel des Saugens zu bleiben: bisweilen erlebt man schon im zweiten Monat jenes alltägliche, aber dennoch lehrreiche Phänomen des Daumensaugens, und zwar nicht unerwartet oder zufällig, wie es schon am ersten Tag geschehen kann, sondern systematisch durch Koordinierung der Arm-, Hand- und Mundbewegungen. Dort, wo die Assoziationisten nur einen Wiederholungseffekt sehen (doch woher kommt hier die Wiederholung, da sie nicht durch äußere Beziehungen aufgedrängt wird?) und wo die Psychoanalytiker bereits, in der vorstellungsmäßigen Gleichsetzung von Daumen und Brust, eine symbolische Verhaltensweise sehen (doch woher soll lange vor der Ausbildung der ersten inneren Bilder dieses symbolische oder evokatorische Vermögen kommen?),

4 Solche Reflex-Übungen lassen sich auch bei Tieren beobachten, zum Beispiel bei tastenden Versuchen, welche die ersten Kopulationsversuche der Schlammschnecken kennzeichnen.

schlagen wir vor, diese Erwerbung durch eine einfache Ausweitung der zur Diskussion stehenden senso-motorischen Assimilation schon auf den Reflex zu interpretieren. Halten wir präzisierend fest, daß es sich hier um eine Erwerbung im eigentlichen Sinne des Wortes handelt, denn es gibt kein reflexmäßiges oder instinktives Daumensaugen (das Auftreten und die Häufigkeit dieser Verhaltensweise sind variabel). Doch diese Erwerbung ist nicht irgendeine zufällige: sie schreibt sich in ein bereits ausgebildetes Reflexschema ein und beschränkt sich darauf, es durch Integration bis jetzt von ihm unabhängiger senso-motorischer Elemente auszuweiten. Diese Integration kennzeichnet bereits das Stadium II.

### 3. Das Stadium II

Nach einem solchen Modell bilden sich die ersten Gewohnheiten aus, die sich ihrerseits, wie im eben beschriebenen Fall, direkt von einer Tätigkeit des Subjekts ableiten oder, wie im Falle der bedingten Reflexe, von außen aufgezwungen zu sein scheinen. Ein bedingter Reflex ist nämlich nie allein durch diese Assoziationen stabil und wird es nur durch die Ausbildung eines Assimilationsschemas, soweit nämlich, als das erzielte Ergebnis das der entsprechenden Assimilation inhärente Bedürfnis befriedigt (wie beim Pawlowschen Hund, der zum Ton der Glocke Speichel absondert, solange diese einem Nahrungssignal entspricht, aber keinen Speichel mehr abgibt, sobald auf das Signal nie mehr tatsächlich Nahrung folgt).

Doch selbst wenn man die in ihrer Ausbildung als auch in ihren automatisierten Ergebnissen erworbenen Verhaltensweisen (mangels eines besseren Wortes) «Gewohnheiten» nennt, ist die Gewohnheit noch nicht die Intelligenz. Eine elementare «Gewohnheit» beruht auf einem senso-motorischen Gesamtschema[5], in dem unter dem Gesichtspunkt des Subjekts noch keine Unterscheidung zwischen den Mitteln und den Zwecken gemacht wird, da der erstrebte Zweck nur

[5] Ein Schema ist die Struktur oder Organisation der Aktionen, so wie sie sich bei der Wiederholung dieser Aktion unter ähnlichen oder analogen Umständen übertragen oder verallgemeinern.

durch eine notwendige Abfolge von Bewegungen erreicht wird, die zu ihm führen, ohne daß man, am Anfang des Verhaltens, einen zum voraus verfolgten Zweck und, später, aus verschiedenen möglichen Schemata ausgewählte Mittel unterscheiden kann. In einem Akt der Intelligenz hingegen wird ein von allem Anfang an gesetztes Ziel verfolgt und werden dann geeignete Mittel gesucht, wobei diese Mittel durch die bekannten Schemata (oder «Gewohnheits»schemata) geliefert werden, die sich aber bereits vom Anfangsschema unterscheiden, das dem Tun sein Ziel zuwies.

## 4. Das Stadium III

Interessant an der Entwicklung der senso-motorischen Tätigkeiten im Laufe des ersten Lebensjahres ist, daß sie nicht nur zu elementaren Fertigkeiten, Ursachen einfacher Gewohnheiten, führt – und zwar auf einer Stufe, wo sich noch keine Intelligenz im eigentlichen Sinne des Wortes beobachten läßt –, sondern daß sie auch eine kontinuierliche Reihe von Zwischenstufen zwischen diesen beiden Reaktionsmöglichkeiten liefert. Nach dem Stadium der Reflexe (I) und dem der ersten Gewohnheiten (II) weist nun ein drittes Stadium (III) von dem Zeitpunkt an (im Durchschnitt etwa mit viereinhalb Monaten), da das Sehen und das Greifen koordiniert werden (das Kleinkind ergreift und bewegt alles, was es in seinem engsten Lebensraum sieht), die folgenden Übergangsformen auf: Ein Kind dieses Alters greift zum Beispiel nach einer Schnur, die vom Dach seines Stubenwagens herunterhängt, was zur Folge hat, daß alle daran aufgehängten Spielsachen geschüttelt werden. Es wiederholt diesen Griff mit so unerwarteten Auswirkungen mehrere Male, was eine «Zirkulärreaktion» im Sinne von J. M. Baldwin darstellt, also eine im Entstehen begriffene Gewohnheit ohne Differenzierung zwischen vorgängiger Absicht und angewandten Mitteln. Doch später genügt es, ein neues Spielzeug unter dem Stubenwagendach aufzuhängen, damit das Kind die Schnur sucht, was den Anfang einer Differenzierung zwischen dem Zweck und dem Mittel darstellt. An den folgenden Tagen sucht und ergreift das Kind die magische Schnur wieder, wenn man zwei Meter vom Stubenwagen entfernt einen Gegenstand an einer Stange schwingen läßt usw. und sogar wenn man hinter einem Wandschirm einige unerwartete und mechanische Töne erklingen läßt, sobald dieses Schwingen oder diese Musik aufhören: hier befinden wir uns an der Schwelle zur Intelligenz, so seltsam diese Kausalität ohne räumlichen Kontakt auch sein mag.

## 5. Die Stadien IV und V

In einem vierten Stadium (IV) lassen sich vollständigere Akte praktischer Intelligenz beobachten. Ein Ziel drängt sich dem Kind vorweg auf, ungeachtet der Mittel, die es anwenden wird: es will zum Beispiel einen Gegenstand holen, der zu weit entfernt oder soeben unter einem Tuch oder einem Kissen verschwunden ist. Die Mittel werden erst anschließend ausprobiert oder gesucht, aber sogleich als Mittel: das Kind nimmt zum Beispiel einen Erwachsenen bei der Hand und zieht ihn in Richtung des zu holenden Gegenstandes mit oder es hebt die Decke hoch, die den verborgenen Gegenstand dem Blick entzieht. Im Laufe dieses vierten Stadiums ist die Koordination der Mittel und der Zwecke zwar neu, und sie ist in jeder unvorhergesehenen Situation wieder neu (ohne das gäbe es keine Intelligenz), doch die angewandten Mittel werden ausschließlich bereits bekannten Assimilationsschemata entliehen (im Falle des versteckten und wiedergefundenen Gegenstandes ist, wie im nächsten Abschnitt gezeigt wird, die Kombination ebenfalls neu, doch das Ergreifen und Verschieben eines Kissens entspricht einem Gewohnheit gewordenen Schema).
Im Laufe eines fünften Stadiums (V), das mit 11 bis 12 Monaten beginnt, kommt zu den beschriebenen Verhaltensweisen eine wesentliche Reaktion hinzu: das Suchen neuer Mittel durch Differenzierung der bekannten Schemata. Man kann in diesem Zusammenhang das von uns so genannte «Unterlage-Verhalten» erwähnen: wenn ein zu weit entfernter Gegenstand auf einer Decke liegt, kann das Kind, nachdem es vergeblich versucht hat, das Ziel direkt zu erreichen, (zufällig oder durch Hilfe), einen Zipfel der Decke erwischen und, indem es eine Beziehung zwischen der Bewegung der Decke und der des

Gegenstandes beobachtet, dazu gelangen, allmählich die Decke an sich zu ziehen, um den Gegenstand zu erreichen. Eine analoge Entdeckung kennzeichnet das «Schnur-Verhalten», das K. Bühler und nach ihm viele andere untersucht haben: das Kind holt das Ziel zu sich heran, indem es an der Schnur zieht, mit der jenes verbunden ist.

## 6. Das Stadium VI

Ein sechstes Stadium markiert schließlich das Ende der senso-motorischen und den Übergang zur folgenden Periode: das Kind wird fähig, neue Mittel nicht mehr nur durch äußere und materielle tastende Versuche, sondern durch innere Kombinationen zu finden, die zu einem plötzlichen Verstehen oder *Insight* führen. Ein Kind zum Beispiel, dem man eine nur leicht geöffnete Zündholzschachtel mit einem Fingerhut darin in die Hand gegeben hat, versucht zunächst, die Schachtel durch materielle tastende Versuche zu öffnen (Reaktionsweise des fünften Stadiums). Nachdem dies nicht gelingt, zeigt es die ganz neue Reaktion, daß es seine Öffnungsversuche einstellt und die Situation aufmerksam prüft (dabei öffnet und schließt es langsam den Mund, ein anderes Kind die Hand, als wollte es das zu erreichende Ergebnis, nämlich die Vergrößerung der Öffnung, gleichsam «vor»-ahmen): danach steckt es plötzlich seinen Finger in den Spalt und kann auf diese Weise die Schachtel öffnen.

Im gleichen Stadium wird im allgemeinen das bekannte «Stock-Verhalten» entdeckt, das W. Köhler bei den Schimpansen und später andere beim Kleinkind untersucht haben. Doch W. Köhler ist wie K. Bühler der Meinung, daß ein intelligenter Akt nur in dem Fall vorliegt, wo es zu einem plötzlichen Verstehen kommt. Er nimmt die tastenden Versuche von dieser Intelligenz aus und verweist sie unter die «Hilfs-» oder «Dressur»-Verhaltensweisen. Claparède hingegen sah im tastenden Versuchen das Kriterium der Intelligenz und schrieb sogar die Entstehung der Hypothesen einem verinnerlichten tastenden Versuchen zu. Doch dieses Kriterium ist zweifellos zu weit gefaßt, denn tastendes Versuchen gibt es schon beim Reflex und bei der Ausbildung der Gewohnheiten. Das Kriterium des *Insight* ist umgekehrt ebenso sicher zu eng gefaßt, denn dank einer ununterbrochenen Folge von Assimilationen verschiedener Stufen (I bis V) werden die senso-motorischen Schemata fähig zu diesen neuen Kombinationen und Verinnerlichungen, die schließlich in bestimmten Situationen das unmittelbare Verstehen ermöglichen. Diese letzte Stufe (VI) kann folglich nicht von den früheren getrennt werden, deren Vollendung sie bloß darstellt.

## II. Die Konstruktion der Wirklichen[6]

Das System der senso-motorischen Assimilationsschemata führt zu einer Art Logik des Tuns, die Beziehungen und Verbindungen (Funktionen) schafft, Schemata ineinander verschachtelt (cf. die Logik der Klassen), kurz gesagt Ordnungs- und Verbindungsstrukturen enthält, die die Substruktur der künftigen Denkoperationen darstellen. Doch die senso-motorische Intelligenz führt auch bei der Strukturierung des subjektiven Universums, so begrenzt es auf dieser praktischen Ebene noch sein mag, zu einem ebenso wichtigen Ergebnis: Sie organisiert das Wirkliche, indem sie durch eben ihr Funktionieren die großen Kategorien des Tuns aufbaut, nämlich die Schemata des permanenten Gegenstandes, des Raumes, der Zeit und der Kausalität, Substrukturen der entsprechenden künftigen Begriffe. Keine dieser Kategorien ist am Anfang gegeben, und das ursprüngliche Universum ist ganz auf den Körper und das Tun zentriert, was in einer ebenso totalen wie (mangels eines Ichbewußtseins) ihrer selbst unbewußten Egozentrik zum Ausdruck kommt. Im Laufe der ersten achtzehn Monate vollzieht sich aber eine Art kopernikanische Wende oder, einfacher ausgedrückt, allgemeine Dezentrierung, die zur Folge hat, daß sich das Kind am Ende als ein Objekt unter anderen einordnet – in einem Universum, das aus permanenten Gegenständen besteht, in raumzeitlicher Weise strukturiert und Sitz einer in den Dingen zugleich verräumlichten und objektivierten Kausalität ist.

6 J. Piaget, La construction du réel chez l'enfant.

Dieses praktische Universum, das sich im zweiten Lebensjahr ausprägt, besteht zunächst aus permanenten Gegenständen. Das ursprüngliche Universum ist eine Welt ohne Gegenstände, es besteht nur aus beweglichen und unbeständigen «Bildern», die erscheinen und dann wieder total verschwinden, sei es für immer, sei es bis zu ihrem Wiederauftreten in einer veränderten oder analogen Form. Wenn das Kind im Alter von 5 bis 7 Monaten (Stadium III des ersten Abschnitts) einen Gegenstand ergreifen will und man diesen mit einem Tuch zudeckt oder abschirmt, so zieht es einfach die ausgestreckte Hand zurück, oder es beginnt, falls es sich um einen Gegenstand von besonderer Bedeutung (Milchflasche usw.) handelt, vor Enttäuschung zu weinen und zu schreien: es reagiert also so, als ob der Gegenstand verschwunden wäre. Man wird vielleicht einwenden, es wisse natürlich, daß der Gegenstand immer noch dort sei, wo er verschwand, aber es gelinge ihm ganz einfach nicht, mit dem Problem fertig zu werden, ihn zu suchen und das Tuch aufzuheben. Wenn es aber hinter der Abschirmung zu suchen beginnt (siehe das Stadium IV des ersten Abschnitts), kann man die folgende Kontrolle machen: den Gegenstand bei A zur Rechten des Kindes verstecken, das ihn sucht und findet; dann, vor seinen Augen, den Gegenstand verschieben und bei B zur Linken des Kindes verstecken: auch wenn dieses gesehen hat, wie der Gegenstand bei B (unter einem Kissen usw.) verschwunden ist, kommt es oft vor, daß es ihn bei A sucht, als ob die Stellung des Gegenstandes von den vorher erfolgreichen Aktionen abhinge und nicht von dessen eigenen, von der kindlichen Aktion unabhängigen Ortsveränderungen. Im Stadium V (9 bis 10 Monate) hingegen wird der Gegenstand allein in Funktion seiner eigenen Ortsveränderung gesucht, wenn diese nicht allzu komplex ist (ineinanderverschachtelte Abschirmungen), und im Stadium VI kommt eine Reihe von Schlußfolgerungen hinzu, die sogar bestimmte Kombinationen lösen helfen können (ein Kissen aufheben und darunter nur eine andere unerwartete Abschirmung finden, die dann sofort weggehoben wird)[7].

7 Diese Resultate, die einer der Autoren gewonnen hat, wurden seither durch Th.

Die Permanenz des Gegenstandes ist unter anderem eine Funktion seiner Lokalisierung. Diese Tatsache zeigt deutlich, daß der Aufbau des Schemas des permanenten Gegenstandes der ganzen raumzeitlichen Organisation des praktischen Universums entspricht und ebenso, natürlich, seiner kausalen Strukturierung.

## 2. Der Raum und die Zeit

Bei den raumzeitlichen Strukturen stellt man fest, daß am Anfang weder ein einziger Raum noch eine zeitliche Ordnung existieren, die die Gegenstände und die Ereignisse umfassen so wie Behälter ihre Inhalte. Gegeben ist nur ein System von heterogenen Räumen, die alle auf den eigenen Körper zentriert sind: Mund- (Stern), Tast-, Seh-, Hör-, Posituralraum; und einige zeitliche Eindrücke (Warten usw.) ohne objektive Koordinierungen. Diese Räume werden dann (durch den Mund und das Greifen) fortschreitend koordiniert, aber diese Koordinierungen bleiben so lange Stückwerk, als der Aufbau des Schemas vom permanenten Gegenstand nicht zur Grundunterscheidung – die H. Poincaré fälschlicherweise als ursprünglich angesehen hat[8] – zwischen den Zustandsänderungen oder physischen Modifikationen einerseits und den Ortsveränderungen oder den Raum aufbauenden Bewegungen andererseits führt.

Gouin-Décarie in Montreal (90 Kinder) und S. Escalona in New York bestätigt. S. Escalona hat festgestellt, daß ein Gegenstand später gesucht wird, wenn er von einer Hand umschlossen, als wenn er bloß abgeschirmt ist (anders gesagt, das nicht-lokalisierte Verschwinden wiegt schwerer als die substantielle und räumliche Permanenz). H. Gruber hat andererseits dasselbe Problem an jungen Katzen untersucht: diese durchlaufen alles in allem dieselben Stadien, gelangen aber schon mit drei Monaten zu einem Anfang von Permanenz. Das Menschenkind ist in diesem wie in vielen anderen Punkten gegenüber dem Tierkind im Rückstand, doch dieser Rückstand zeugt von gründlicheren Assimilationen; das Menschenkind wird sich später weit über das Tierkind hinausentwickeln.

[8] Poincaré hat das Verdienst, vorausgesehen zu haben, daß die Organisation des Raumes mit dem Aufbau der «Gruppe der Ortsveränderungen» verbunden ist. Da er aber keine Psychologie trieb, hielt er diese «Gruppe der Ortsveränderungen» für *apriorisch*, anstatt in ihr das Ergebnis einer fortschreitenden Konstruktion zu sehen.

Gleich wie die Verhaltensweisen der Lokalisierung und des Suchens nach dem permanenten Gegenstand organisieren sich schließlich die Ortsveränderungen (Stadien V und VI) zu einer Grundstruktur, die das Gerüst des praktischen Raumes darstellt, bis sie, sobald sie einmal verinnerlicht ist, für die Operationen der euklidischen Metrik als Grundlage dient. Was die Mathematiker die «Gruppe der Ortsveränderungen» nennen, hat psychologisch die folgende Bedeutung: a) Eine Ortsveränderung $AB$ und eine Ortsveränderung $BC$ können zu einer einzigen Ortsveränderung $AC$ koordiniert werden, die noch zum System gehört[9]; b) Jede Ortsveränderung $AB$ kann umgekehrt werden zu $BA$, woraus sich die Verhaltensweise der «Rückkehr» zum Ausgangspunkt ergibt; c) Die Verbindung der Ortsveränderung $AB$ mit ihrer Umkehrung $BA$ ergibt die Nicht-Ortsveränderung $AA$; d) Die Ortsveränderungen sind assoziativ, das heißt, in der Abfolge $ABCD$ gilt $AB + BD = AC + CD$: das bedeutet, daß ein und derselbe Punkt $D$ von $A$ aus auf verschiedenen Wegen erreicht werden kann (sofern die Abschnitte $AB$, $BC$ usw. nicht auf einer Geraden liegen), was die Verhaltensweise des «Umwegs» darstellt, deren Eigentümlichkeit eine Verlangsamung ist (Stadien V und VI beim Kind; eine Verhaltensweise, die die Schimpansen kennen, die es aber bei Hühnern nicht gibt usw.).

Entsprechend dieser Organisation der Stellungen und Ortsveränderungen im Raum bilden sich natürliche objektive zeitliche Reihen aus, denn im Falle der praktischen Gruppe der Ortsveränderungen werden diese nach und nach und nacheinander durch Gegenüberstellung mit den abstrakten Begriffen bewirkt. Diese Begriffe baut das Denken später auf; sie ermöglichen eine simultane und zunehmend außerzeitliche Gesamtvorstellung.

### 3. Die Kausalität

Das System der permanenten Gegenstände und ihrer Ortsveränderungen ist anderseits nicht zu trennen von einer kausalen Strukturie-

[9] Der Weg $AC$ muß nicht über $B$ führen, wenn $AB$ und $BC$ nicht auf einer Geraden liegen.

rung, denn es ist die Eigenheit eines Gegenstandes, daß er Ursprung, Sitz oder Ergebnis verschiedener Aktionen ist, deren Verbindungen die Kategorie der Kausalität darstellen.

Doch ganz parallel zur Entwicklung der bereits besprochenen Schemata wird die Kausalität erst am Ende einer langen Evolution objektiv und adäquat. Deren erste Phasen sind auf das eigene Tun zentriert und evozieren noch kein Bewußtsein von räumlichen und körperlichen Verbindungen, die den materiellen Kausalschemata inhärent sind. Noch im Stadium III (vgl. Abschnitt I), wenn es dem Säugling bereits gelingt, dem, was er sieht, zuzulächeln und die Gegenstände nach verschiedenen Schemata (Schieben, Bewegen, Klopfen, Reiben) zu manipulieren, kennt er als einzige Ursache sein eigenes Tun, sogar unabhängig von den räumlichen Kontakten. Bei der Beobachtung der Schnur, die vom Dach des Stubenwagens herunterhängt (Abschnitt I, 4), verlegt das Kleinkind die Ursache für die Bewegung der aufgehängten Spielsachen nicht in die Schnur, sondern in die Aktionsgesamtheit «an der Schnur ziehen», was etwas ganz anderes ist: bewiesen wird das dadurch, daß es auch noch an der Schnur zieht, um auf Gegenstände in zwei Metern Entfernung oder auf Töne usw. einzuwirken. Andere Kinder dieser dritten Stufe machen die Brücke und lassen sich fallen, um am Stubenwagen zu rütteln, aber auch um auf entfernte Gegenstände einzuwirken; später blinzeln sie vor einem Lichtschalter mit den Augen, um eine elektrische Lampe anzuzünden, und so fort.

Eine solche beginnende Kausalität kann magisch-phänomenistisch genannt werden – phänomenistisch, weil irgend etwas gemäß früher beobachteten Verbindungen irgend etwas auslösen kann, und «magisch», weil sie auf das Tun des Subjekts ohne jede Berücksichtigung der räumlichen Bezüge zentriert ist. Der erste dieser beiden Aspekte erinnert an Humes Interpretation der Kausalität, wobei diese aber ausschließlich auf das eigene Tun zentriert ist. Der zweite Aspekt läßt an die Auffassungen von Maine de Biran denken, doch gibt es hier weder ein Ich-Bewußtsein noch eine Abgrenzung zwischen diesem Ich-Bewußtsein und der äußeren Welt.

Im gleichen Maße aber, wie das Universum durch die senso-motorische Intelligenz nach einer raumzeitlichen Organisation und durch die Ausbildung permanenter Gegenstände strukturiert wird, objektiviert und verräumlicht sich die Kausalität, das heißt, die vom Subjekt erkannten Ursachen liegen nicht mehr allein im eigenen Tun, sondern in beliebigen Gegenständen, und die Ursache-Wirkung-Beziehungen zwischen zwei Gegenständen oder ihrer Aktion setzen einen physischen und räumlichen Kontakt voraus. Beim Unterlage-, Schnur- und Stockverhalten (Abschnitt I, Stadien V und VI) ist zum Beispiel klar, daß die Bewegungen der Decke, der Schnur oder des Stockes als Ursache für die des Gegenstandes (unabhängig vom Verursacher der Ortsveränderung) angesehen werden, und das unter der Bedingung, daß ein Kontakt besteht; wenn der Gegenstand neben die Decke und nicht auf die Decke gelegt wird, zieht das Kind des Stadiums V nicht an der Unterlage, während das Kind der Stadien III und noch IV, dem man beigebracht hat, sich der Unterlage zu bedienen (oder das deren Rolle zufällig entdeckt hat), an der Decke zieht, auch wenn der gewünschte Gegenstand zu ihr nicht in der räumlichen Beziehung «gestellt auf» steht.

## III. Der kognitive Aspekt der senso-motorischen Reaktionen

Vergleicht man die Phasen dieses Aufbaus des Wirklichen mit den Phasen im Aufbau der senso-motorischen Schemata, die beim Funktionieren der Reflexe, der Gewohnheiten oder sogar der Intelligenz mitwirken, so stellt man die Existenz eines Entwicklungsgesetzes von einiger Bedeutung fest; dieses Gesetz lenkt auch die ganze spätere intellektuelle Entwicklung des Kindes.

Die senso-motorische Schematik äußert sich in drei aufeinanderfolgenden großen Formen (wobei die früheren erst verschwinden, wenn die späteren auftreten):

a) Die ersten Formen sind Strukturen von Rhythmen, wie man sie in den spontanen und globalen Bewegungen des Organismus beobachtet, dessen Reflexe zweifellos nur fortschreitende Differenzierungen sind. Die besonderen Reflexe selbst hängen ebenfalls nicht nur in ihren komplexen Anordnungen (Saugen, Bewegung) mit der rhythmischen Struktur zusammen, sondern auch weil ihr Ablauf von einem Anfangszustand X zu einem Endzustand Z führt, um (sogleich oder mit zeitlichem Abstand) in derselben Reihenfolge wieder neu zu beginnen.

b) Darauf folgen die verschiedenen *Regulationen,* die die ursprünglichen Rhythmen nach vielfältigen Schemata differenzieren. Die geläufigste Form dieser Regulationen ist die Kontrolle durch tastende Versuche, die bei der Ausbildung der ersten Gewohnheiten (die «Zirkulärreaktionen» sichern in dieser Hinsicht den Übergang vom Rhythmus zu den Regulationen) und in den ersten intelligenten Akten mitwirken. Diese Regulationen, deren kybernetische Modelle Rückkoppelungssysteme oder *Feedbacks* sind, erreichen so durch die Rückwirkungen der fortschreitenden Berichtigungen eine Semi-Reversibilität oder annähernde Reversibilität.

c) Schließlich tritt ein Anfang von *Reversibilität* auf, die Grundlage der künftigen «Operationen» des Denkens, die aber schon bei der Ausbildung der praktischen Gruppe der Ortsveränderungen (jede Ortsveränderung *AB* zieht die umgekehrte Ortsveränderung *BA* nach sich) auf der senso-motorischen Stufe am Werk ist. Das unmittelbarste Ergebnis der reversiblen Strukturen ist die Ausbildung von Erhaltungs-Begriffen oder «Gruppen»-Invarianten. Schon auf der senso-motorischen Stufe führt die reversible Organisation der Ortsveränderungen zur Ausarbeitung einer solchen Invariante in Form des Schemas des permanenten Gegenstandes. Doch es versteht sich von selbst, daß weder die Reversibilität im Tun noch die Erhaltung auf dieser Stufe schon vollständig sind, denn es fehlt die Vorstellung.

Die rhythmischen Strukturen treten auf den späteren Vorstellungsstufen (von 2 bis 15 Jahren) nicht mehr auf. Die ganze Entwicklung des Denkens wird, wie wir noch sehen werden, beherrscht durch einen allgemeinen Übergang von den Regulationen zur verinnerlichten oder operativen Reversibilität, also zur Reversibilität im eigentlichen Sinn des Wortes.

# iv. Der affektive Aspekt der senso-motorischen Reaktionen

Der kognitive Aspekt der Verhaltensweisen besteht in ihrer Strukturierung und der affektive Aspekt in ihrer Energetik (oder, wie P. Janet formulierte, in ihrer «Ökonomie»). Diese beiden Aspekte sind zugleich nicht aufeinander zurückführbar, untrennbar und komplementär: man darf sich deshalb nicht wundern, wenn man eine bemerkenswerte Parallelität zwischen ihren jeweiligen Entwicklungen findet. Ganz allgemein läßt sich sagen, daß, während die kognitive Schematik von einem auf das eigene Tun zentrierten Anfangszustand zur Konstruktion eines objektiven und dezentrierten Universums führt, die Affektivität derselben senso-motorischen Stufen von einem Zustand, der noch nicht zwischen dem Ich und der physischen und menschlichen Umwelt unterscheidet, in einen neuen Zustand übergeht, wo ein System von Austauschwirkungen zwischen dem differenzierten Ich und den Personen (inter-individuelle Gefühle) oder den Dingen (veränderliche Interessen je nach Stufe) aufgebaut wird.

Doch die Untersuchung der Affektivität von Kleinkindern ist viel schwieriger als die von deren kognitiven Funktionen, denn die Gefahr des Adultomorphismus ist viel größer. Die meisten bekannten Arbeiten sind psychoanalytischer Art und haben sich lange mit einer Rekonstruktion der elementaren Stadien von der Psychopathologie der Erwachsenen her begnügt. Mit R. Spitz, K. Wolf und Th. Gouin-Décarie ist jedoch die Psychoanalyse des Kleinkindes eine Experimentalwissenschaft geworden, und mit den heutigen Forschungen von S. Escalona, die sich sowohl auf die Psychoanalyse als auch auf Lewin stützen, löst sie sich von den Details des Freudschen Rahmens und erreicht die Ebene der objektiven Analyse und Kontrolle.

## 1. Der ursprüngliche Adualismus

Die für die beiden ersten Stadien (I und II des ersten Abschnitts) bezeichnenden Affekte stehen in einem größeren Zusammenhang, den schon J. M. Baldwin als «Adualismus» oder «Nicht-Dualismus» beschrieben hat. In diesem Zustand gibt es zweifellos noch kein Ichbewußtsein, also keinerlei Grenze zwischen der inneren oder erlebten Welt und der Gesamtheit der äußeren Wirklichkeiten. Später hat Freud von Narzißmus gesprochen, ohne sich aber genügend Rechenschaft zu geben, daß es sich um einen Narzißmus ohne Narziß handelte. Anna Freud hat inzwischen den Begriff präzisiert als «primären Narzißmus» im Sinne einer ursprünglichen Nichtunterscheidung zwischen dem Ich und dem Anderen. Wallon umschreibt diese selbe Nichtunterscheidung mit dem Wort Symbiose, aber man muß mit allem Nachdruck hervorheben, daß die ganze Affektivität in dem Maße, wie das Ich seiner selbst unbewußt, also undifferenziert bleibt, auf den eigenen Körper und das eigene Tun zentriert ist, denn erst eine Unterscheidung zwischen dem Ich und dem Anderen oder Nicht-Ich ermöglicht die affektive wie auch kognitive Dezentrierung. Deshalb bleibt die im Begriff Narzißmus enthaltene Meinung gültig, sofern man präzisierend festhält, daß es sich nicht um eine bewußte Zentrierung auf ein Ich, das im übrigen identisch wäre mit dem, das es einmal werden sollte, sondern um eine infolge Nichtunterscheidung unbewußte Zentrierung handelt.

Die in diesem nicht-dualistischen Zusammenhang beobachtbaren Affekte rühren zunächst von allgemeinen Rhythmen her, die denen der spontanen und globalen Tätigkeiten des Organismus (I. Abschnitt) entsprechen: Wechsel von Spannungs- und Entspannungszuständen usw. Diese Rhythmen differenzieren sich zu einem Streben nach angenehmen Reizen und zur Tendenz, den unangenehmen Reizen auszuweichen.

Eines der am meisten untersuchten Symptome der Zufriedenheit ist das Lächeln, das auf verschiedenste Weisen interpretiert wurde. Ch. Bühler und Kaila sahen darin eine spezifische Reaktion auf die menschliche Person. Doch einerseits beobachtet man ganz früh eine Art physiologisches Lächeln bald nach dem Saugen, ohne irgendeinen visuellen Reiz. Andererseits hat einer der Autoren ein sehr frühes Lächeln angesichts bewegter Gegenstände festgestellt. Die Reaktion auf das menschliche Gesicht wurde mit Hilfe von mehr oder weniger vollständigen Masken (Augen und Stirne ohne Mund usw.) studiert, ähnlich den «Ködern», mit denen die Ethologen der Tinbergenschen und Lorenzschen Schule die perzeptiven Auslöser der angeborenen Mechanismen analysieren. Man hat dabei beobachtet, daß die Augen und die obere Gesichtshälfte eine Hauptrolle spielen, und manche Autoren (Bowlby) glauben, daß diese Reize den erblichen Auslösern (IRM[10]) entsprechen. Doch wie Spitz[11] und Wolf möchten wir vorsichtig das Lächeln nur als ein Zeichen des Erkennens eines Reiz-komplexes in einem Kontext der Befriedigung der Bedürfnisse ver-stehen. Es gäbe somit nicht von Anfang an ein Erkennen der anderen Person; das Lächeln des Kindes, durch das Lächeln des menschlichen Partners immer wieder ausgelöst, unterhalten, bestärkt oder «be-schenkt», wird so mehr oder weniger rasch zu einem Werkzeug des Austausches und der Ansteckung und folglich nach und nach zu einem Mittel, das Personen und Dinge unterscheiden hilft (wobei die Perso-nen lange nur besonders aktive und unerwartete Zentren sind, die in Funktion der eigenen Reaktionen assimiliert werden ohne klare Un-terscheidung von den Dingen).

## 2. Intermediäre Reaktionen

Im Laufe der Stadien III und IV kommt es, infolge der wachsenden Komplexität der Verhaltensweisen, ganz allgemein zu einer Verviel-fachung der psychologischen Befriedigungen, zusätzlich zu den orga-nischen Befriedigungen. Die Dinge, die das Interesse wecken, werden zahlreicher, aber man beobachtet auch neue Zustände angesichts des Unbekannten, das immer besser vom Bekannten unterschieden wird: Unruhe in Gegenwart von Menschen, die nicht zur gewohnten Um-welt gehören (Spitz), Reaktionen auf unbekannte Situationen (Meili) usw. und mehr oder weniger große Toleranz gegenüber dem *Streß*, wobei diese Toleranz größer wird, wenn sich der Konflikt im Kon-text von sonst angenehmen Kontakten ereignet.

Der Kontakt mit den Personen wird so immer wichtiger, und es kün-digt sich ein Übergang von der Ansteckung zur Kommunikation an

[10] IRM: innate releasing mechanisms.
[11] R. Spitz, Vom Säugling zum Kleinkind.

32

(Escalona). Bevor nämlich das Ich und der Andere und ebenso ihre Wechselwirkungen in komplementärer Weise aufgebaut werden, wird durch Nachahmung und Ablesen gestischer und mimischer Zeichen ein ganzes Austauschsystem erarbeitet. Das Kind kommt deshalb dazu, auf die Personen in immer spezifischerer Weise zu reagieren, denn sie handeln anders als die Dinge und sie handeln nach Schemata, die zu denen des eigenen Tuns in Beziehung gesetzt werden können. Es stellt sich sogar früher oder später eine Art auf Personen bezogene Kausalität ein, insofern diese Lust, Trost, Beruhigung, Sicherheit usw. verschaffen.

Man muß aber unbedingt daran denken, daß die Gesamtheit dieser affektiven Fortschritte sich mit der allgemeinen Strukturierung der Verhaltensweisen deckt. «Meine Fakten», schließt Escalona in diesem Sinne, «legen die Möglichkeit nahe, das, was Piaget für das ‹Erkennen› vorschlägt, auf alle adaptiven Aspekte der geistigen Funktion auszuweiten: das Auftreten von Funktionen wie der Kommunikation, die Modulierung der Affekte, die Kontrolle der Reize, die Möglichkeit, Reaktionen aufzuschieben (*delay*), bestimmte Aspekte der Objektbeziehungen wie die Identifikation sind auf jeden Fall das Ergebnis der Sequenzen der senso-motorischen Entwicklung, bevor diese Funktionen mit einem *Ego* im engeren Sinne des Wortes verbunden werden.»[12]

### 3. Die Objektbeziehungen

Im Laufe der Stadien V und VI (mit Vorbereitung schon im Stadium IV) geschieht das, was Freud eine «Wahl des affektiven Objekts» nannte und was er als eine Übertragung der «Libido» vom narzißtischen Ich auf die Person der Eltern ansah. Die Psychoanalytiker sprechen heute von «Objektbeziehungen», und seit Hartmann und Rapaport in ihrer Schule die Autonomie des Ich in bezug auf die Libido betont haben, betrachten sie das Auftreten dieser Objektbeziehungen als Zeichen für die zweifache Ausprägung eines vom Anderen unter-

[12] S. K. Escalona, Patterns of infantile experience and the developmental process, S. 198.

schiedenen Ich und eines Anderen, der Affektivitätsobjekt wird. J. M. Baldwin hatte schon seit langem auf die Rolle der Nachahmung bei der Ausbildung des Ich hingewiesen, was für die Solidarität und die Komplementarität in der Ausbildung des *Ego* und des *Alter* zeugt.

Das Problem besteht nun darin, die Gründe zu verstehen, weshalb diese Dezentrierung der Affektivität auf die andere Person – insofern diese gleichzeitig verschieden und analog zum Ich ist, das in der Beziehung zu ihr entdeckt wird – auf dieser Entwicklungsstufe eintritt und vor allem auf welche Weise sie erfolgt. Wir haben angenommen, die affektive Dezentrierung sei korrelativ zur kognitiven Dezentrierung, und zwar nicht weil die eine die andere lenkt, sondern weil beide aufgrund ein und desselben Gesamtprozesses eintreten. In dem Maße nämlich, wie das Kind aufhört, alles auf seine Zustände und sein eigenes Tun zurückzuführen, und eine Welt aus fließenden Bildern ohne raumzeitliche Konsistenz und äußere oder physische Kausalität durch ein Universum aus permanenten Gegenständen ersetzt, das nach Gruppen raumzeitlicher Ortsveränderungen und nach einer objektivierten und verräumlichten Kausalität strukturiert ist, verbindet sich selbstverständlich seine Affektivität ebenfalls mit diesen lokalisierbaren permanenten Gegenständen und Ursachen einer äußeren Kausalität, die die Personen werden. Deshalb bilden sich die «Objektbeziehungen» in enger Verbindung mit dem Schema der permanenten Gegenstände.

Diese sehr wahrscheinliche, aber nicht bewiesene Hypothese wurde kürzlich durch Th. Gouin-Décarie[13] bestätigt. Die kanadische Psychologin hat, wie wir im Abschnitt II gesehen haben, an 90 Kindern den regulären Ablauf der Etappen in der Ausbildung des Gegenstandsschemas kontrolliert. Sie hat an denselben Kindern die affektiven Reaktionen hinsichtlich der «Objektbeziehungen» analysiert (die so beobachtete Entwicklung ist klar ersichtlich, aber weniger regelmäßig als die der kognitiven Reaktionen). Nachdem das Material gesammelt war, konnte Th. Gouin eine signifikante Beziehung zwischen ihnen[14] aufzeigen, indem für jede Gruppe von Kindern die Etappen

[13] Th. Gouin-Décarie, Intelligence et affectivité chez le jeune enfant.
[14] J. Antony hat ebenfalls gezeigt, daß es bei psychotischen Kindern, die Störungen der Objektbeziehungen aufweisen, Lücken im Schema des permanenten Gegenstan-

der Affektivität in den großen Linien denen der Konstruktion des Objekts entsprechen[15].

Diese verschiedenen kognitiv-affektiven Beziehungen und zwischenindividuellen Interaktionen ermöglichen schließlich eine Nuancierung der Schlußfolgerungen, die aus den Reaktionen auf die Hospitalisierung zu ziehen sind. Die Psychoanalytiker Spitz und später Goldfarb, Bowlby usw. haben bekanntlich die Auswirkungen der Trennung von der Mutter, des Fehlens der Mutter und der Erziehung in Krankenhäusern studiert. Die gesammelten Fakten haben gezeigt, daß es im Falle von langer Trennung zu systematischen (und im übrigen auf Wahl begründeten) Entwicklungsverzögerungen oder gar -stillständen und Regressionen kommt. Doch auch hier muß die Gesamtheit der Faktoren berücksichtigt werden: es ist nicht unbedingt das mütterliche Element, insofern es affektiv spezialisiert ist (im Sinne Freuds), das die Hauptrolle spielt, sondern das Fehlen stimulierender Interaktionen; und diese können mit der Mutter nicht nur insofern verbunden sein, als sie die Mutter ist, sondern auch insofern, als zwischen dieser Person mit ihrem Charakter und diesem Kind mit seinem Charakter eine besondere Austauschweise entstanden ist.

des gibt. Siehe: Six applications de la théorie génétique de Piaget à la théorie et à la pratique psychodynamique.

[15] Wir wollen noch festhalten, in dem Maße, wie solche Beziehungen bestätigt werden, wie also die Affektivität der Gesamtheit der Verhaltensweisen entspricht, wobei sie weder Ursache noch Wirkung der kognitiven Strukturierungen ist, wird die Beziehung zwischen dem Subjekt und dem affektiven Objekt als solche der wesentliche Faktor in den Objektbeziehungen: die Interaktion zwischen ihnen – und nicht so sehr der Faktor «Mutter», wie noch die neofreudianische Psychoanalyse annimmt – wirkt als unabhängige Variable. Wie S. Escalona, die durch ihre gründlichen Beobachtungen in individueller und differentieller Psychologie zu einer mehr relativistischen Haltung geführt wurde, gezeigt hat, bewirkt ein und derselbe mütterliche Partner verschiedene Ergebnisse je nach dem allgemeinen Verhalten des Kindes, und ebenso lösen verschiedene Kinder auch unterschiedliche Reaktionen bei derselben Mutter aus.

# ZWEITES KAPITEL

# DIE ENTWICKLUNG
# DER WAHRNEHMUNGEN

Das erste Kapitel hat uns – was die Entwicklung der kognitiven Funktionen betrifft – gezeigt (und die folgenden Kapitel werden es bestätigen), daß die senso-motorischen Strukturen die Grundlage für die späteren Denkoperationen darstellen. Daraus folgt, daß die Intelligenz vom Tun in seiner Gesamtheit ausgeht, insofern es die Gegenstände und das Wirkliche umwandelt, und daß das Erkennen, dessen Ausbildung man beim Kind verfolgen kann, wesentlich aktive und operative Assimilation ist.

Die empiristische Tradition, die eine gewisse Pädagogik stark beeinflußt hat, hält das Erkennen im Gegenteil für eine Art Kopie des Wirklichen, wobei dann die Intelligenz ihren Ursprung allein in der Wahrnehmung (um nicht von Empfindungen zu sprechen) haben soll. Sogar der große Leibniz, der die Intelligenz gegen den Sensualismus verteidigte (indem er zur Sentenz *nil est in intellectu quod non prius fuerit in sensu* das *nisi ipse intellectus* hinzufügte), ließ die Vorstellung gelten, daß zwar nicht die Formen der Begriffe, Urteile und Gedankengänge von den «Sinnen» herrühren, daß aber ihr Inhalt integral aus diesen hervorgehe: als ob es im geistigen Leben nur die Empfindungen und die Vernunft gäbe ... und keinerlei Aktion!

Um die Entwicklung des Kindes zu verstehen, muß man also notwendig die Entwicklung seiner Wahrnehmungen studieren, nachdem man an die Rolle der senso-motorischen Strukturen oder der senso-motorischen Schematik erinnert hat. Die Wahrnehmung stellt tatsächlich einen besonderen Fall der senso-motorischen Tätigkeiten dar. Ihr besonderer Charakter besteht darin, daß sie vom figurativen Aspekt des Erkennens des Wirklichen abhängt, während das Tun in seiner Gesamtheit (und bereits als senso-motorisches Tun) grundsätzlich operativ ist und das Wirkliche umwandelt. Man muß deshalb, und das ist ein wichtiger Punkt, die Rolle der Wahrnehmungen in der intellektuellen Entwicklung des Kindes im Vergleich mit der des Tuns oder der Operationen bestimmen, die im Laufe der späteren Verinnerlichungen und Strukturierungen daraus hervorgehen.

# 1. Wahrnehmungs-Konstanzen und Wahrnehmungs-Kausalität

Wir müßten eigentlich unsere Analyse mit der Untersuchung der Wahrnehmungen nach der Geburt und während der ganzen senso-motorischen Periode beginnen. Leider ist es sehr schwierig, die Wahrnehmungen des Neugeborenen und des Säuglings «wahrzunehmen», weil man mit solchen Kleinkindern keine Laborexperimente durchführen kann. Wir besitzen zwar einige neurologische Informationen über die Entwicklung der Sinnesorgane[1], aber diese genügen in keiner Weise, um das zu rekonstruieren, was die Wahrnehmungen selbst sind. Zwei wichtige Wahrnehmungsprobleme können hingegen mit den senso-motorischen Reaktionen des ersten Lebensjahres in Beziehung gebracht werden: das der Konstanzen und das der Wahrnehmungs-Kausalität.

Als Größenkonstanz bezeichnet man die Wahrnehmung der wirklichen Größe eines entfernten Gegenstandes, ungeachtet seiner scheinbaren Verkleinerung. Die Formkonstanz ist die Wahrnehmung der gewöhnlichen Form des Gegenstandes (zum Beispiel von vorne oder von der Seite gesehen usw.), ungeachtet der perspektivischen Verformung. Diese beiden Wahrnehmungs-Konstanzen beginnen sich schon in der zweiten Hälfte des ersten Lebensjahres annäherungsweise aus-

---

[1] Nach W. E. Hunt etwa zeigen die Elektroretinogramme, daß die Sinneszellen der Netzhaut schon einige Stunden nach der Geburt funktionstüchtig sind (das Myelin ist für das Funktionieren nicht notwendig, sondern dient dazu, die Axone zu isolieren, was reifere elektrophysiologische Reaktionen ermöglicht). Nach A. H. Keeney entwickeln sich die Fovea (Zentralgrube) und das umliegende Gebiet während der vier ersten Lebensmonate sehr rasch. Bis zur Adoleszenz verlaufen die einzelnen Entwicklungen verschieden schnell: die Zahl der Pyramidenschichten nimmt von einer einfachen Schicht bei der Geburt auf drei Schichten mit 16 Wochen zu, die maximale Dicke von vier bis fünf Schichten wird aber erst in der Adoleszenz erreicht. Nach J. L. Conel ist das Gebiet des Hinterhauptslappens, in das ein großer Teil der Nervenfasern aus dem Bereich des Gelben Flecks einmündet, während eines guten Teils der Kindheit in jeder Hinsicht weniger entwickelt als jene Gebiete, in denen die Fasern aus dem peripheren Bereich der Netzhaut enden. Nach P. I. Yakolow nimmt die Myelinmenge längs den Nervenfasern bis zum 16. Lebensjahr zu.

zubilden, und sie verfeinern sich anschließend bis zum 10./12. Lebensjahr und auch noch später[2]. Man kann sich deshalb fragen, in welcher Beziehung sie zu den senso-motorischen Schemata und insbesondere zu dem des permanenten Gegenstandes stehen.

## 1. Die Formkonstanz

Der eine der Autoren[3] hat die Verwandtschaft einiger dieser Erscheinungen mit der Permanenz des Gegenstandes festgestellt. Bietet man einem Kleinkind von 7 bis 8 Monaten die Milchflasche verkehrt an, so dreht das Kind diese ohne weiteres um, wenn es auf der anderen Seite einen Teil des roten Gummisaugers sieht, aber es tut dies nicht, wenn es vom Gummisauger nichts sieht und nur den weißen Boden der mit Milch gefüllten Flasche vor sich hat. Dieses Kind schrieb somit der Milchflasche keine konstante Form zu, aber von dem Augenblick an, da es mit 9 Monaten die Gegenstände hinter Abschirmungen zu suchen begann, gelang es ihm mühelos, die verkehrt angebotene Milchflasche umzukehren, als wären die Permanenz und die konstante Form des Gegenstandes miteinander verbunden. Man darf annehmen, es komme in diesem Fall zu einer Zwischenwirkung zwischen der Wahrnehmung und dem senso-motorischen Schema, denn die Wahrnehmung genügt nicht, um das Schema zu erklären (das Suchen nach einem verschwundenen Gegenstand hängt nicht nur mit dessen Form zusammen), und das Schema nicht, um die Wahrnehmung zu erklären.

## 2. Die Größenkonstanz

Der Sinn für die Konstanz der Größen setzt ungefähr mit 6 Monaten ein: das Kind, das einmal darauf «dressiert» ist, die größere von zwei Schachteln zu wählen, trifft weiterhin diese Wahl, auch wenn man die

---

[2] Ohne von der »Überkonstanz« oder Überschätzung der Höhe entfernter Gegenstände zu sprechen, die mit 8 bis 9 Jahren beginnt und bei Erwachsenen allgemein verbreitet ist.

[3] J. Piaget, Les mécanismes perceptifs.

größere Schachtel in größerer Entfernung aufstellt, so daß sie einem kleineren Bild auf der Netzhaut entspricht (Brunswik und Cruikshank, Misumi). Die Größenkonstanz beginnt also vor der Ausbildung des permanenten Gegenstandes, aber nach der Koordinierung des Sehens und des Greifens (mit ungefähr $4^{1}/_{2}$ Monaten). Diese Tatsache ist von einiger Bedeutung, denn man kann sich fragen, weshalb es eine Wahrnehmungskonstanz der Größen gibt, wenn sie doch jenseits einer gewissen Entfernung zwischen dem Gegenstand und dem Subjekt verschwindet und wenn dann die Intelligenz genügt, um die wirkliche Größe der scheinbar verkleinerten Elemente einsichtig zu machen. Die Antwort darauf ist zweifellos, daß die Größe eines Gegenstandes für das Sehen veränderlich, aber für das Berühren konstant ist und daß die ganze senso-motorische Entwicklung eine Beziehung zwischen dem visuellen Wahrnehmungs-Register und dem taktilo-kinästhetischen Register schafft. Die Größenkonstanz würde somit nicht zufällig nach und nicht vor der Koordinierung des Sehens und Greifens einsetzen: obwohl sie perzeptiver Natur ist, würde sie so von den senso-motorischen Gesamtschemata abhängen (die Größenkonstanz kann in der Folge die Permanenz des Gegenstandes fördern, und sie wird umgekehrt verbessert, sobald diese Permanenz einmal erworben ist).

### 3. Permanenter Gegenstand und Wahrnehmung

Diese beiden ersten Beispiele tendieren dahin zu zeigen, daß das Sensomotorische nicht vom Perzeptiven abgeleitet werden kann, denn es sieht in diesen beiden Fällen zwar so aus, als würde die Wahrnehmung der senso-motorischen Tätigkeit unentbehrliche Dienste leisten, doch umgekehrt wird sie auch durch die senso-motorische Tätigkeit bereichert; die Wahrnehmung reicht nicht aus, um jene Tätigkeit auszubilden noch um sich selbst unabhängig vom Tun auszubilden. Man hat dennoch versucht, die Ausbildung des permanenten Gegenstandes durch Wahrnehmungs-Faktoren nachzuweisen. Michotte zum Beispiel sieht in dieser Permanenz ein Ergebnis der Wahrnehmungs-Effekte, die er «Abschirmungs-Effekt» (der Durchgang eines

Gegenstandes *A* unter einem anderen Gegenstand *B* wird bei der Organisation der Grenzen nach dem Bild-Hintergrund-Gesetz erkannt, wenn *A* zum Teil verdeckt ist) und «Tunnel-Effekt» nennt *(A* fährt unter *B* mit konstanter Geschwindigkeit durch, die vor dem Einfahren wahrgenommen wurde; man hat dann einen perzeptiven, aber nicht sensoriellen Eindruck von seinen Lagen und sieht seine Ausfahrt voraus). Die Frage ist aber, ob das Kleinkind die «Abschirmungs-» und «Tunnel»-Effekte schon erfaßt, bevor es die Permanenz des Gegenstandes ausgebildet hat. Was den «Tunnel-Effekt» betrifft, so zeigt das Experiment, daß dem nicht so ist. Ein beweglicher Gegenstand fährt längs der Linie *ABCD*, von der die Abschnitte *AB* und *CD* sichtbar sind, während der Abschnitt *BC* abgedeckt ist; der bewegliche Gegenstand kommt bei *A* hinter einer weiteren Abschirmung hervor und verschwindet bei *D* hinter einer dritten: ein 5 bis 6 Monate altes Kind folgt in diesem Fall mit den Augen der Linie *AB*, und wenn der bewegliche Gegenstand bei *B* verschwindet, sucht es ihn bei *A* wieder; wenn es ihn dann voller Verwunderung bei *C* wieder sieht, folgt es ihm mit den Augen von *C* nach *D*, aber wenn der Gegenstand bei *D* verschwindet, sucht es ihn zuerst bei *C* und dann bei *A*! Mit anderen Worten, der Tunnel-Effekt ist nicht ursprünglich und bildet sich erst, wenn die Permanenz des Gegenstandes einmal erworben ist: in diesem Falle ist folglich ein Wahrnehmungs-Effekt eindeutig durch die senso-motorischen Schemata bestimmt, anstatt sie zu erklären.

### 4. Die Wahrnehmungs-Kausalität

Erinnern wir schließlich an die bekannten Experimente Michottes über die Wahrnehmungs-Kausalität. Wenn ein kleines Quadrat *A*, nachdem es in Bewegung gesetzt wurde, ein ruhendes Quadrat *B* berührt und dieses sich verschiebt, während *A* nach dem Zusammenstoß stehen bleibt, hat man wahrnehmungsmäßig den Eindruck, *B* werde durch *A* in *Bewegung gesetzt*, sofern die Geschwindigkeit gleich ist und die räumlichen oder zeitlichen Beziehungen stimmen (wenn *B* nicht sogleich in Bewegung kommt, verschwindet der kausale Eindruck, und die Bewegung von *B* erscheint als unabhängig). Man hat ebenso die Eindrücke von *Mitgezogenwerden* (wenn *A* nach dem Zusammenstoß seine Bewegung hinter *B* fortsetzt) und von *Ablösung* (wenn die Geschwindigkeit von *B* größer ist als die von *A*).

Michotte hat nun unsere Interpretation der senso-motorischen Kausalität durch seine Wahrnehmungs-Kausalität, die er für ursprünglicher hält, zu erklären versucht. Doch dabei gibt es mehrere Schwierigkeiten. Zunächst erkennt das Kind bis etwa zum 7. Lebensjahr die Inbewegungsetzung nur, wenn es einen Kontakt zwischen *A* und *B* wahrgenommen hat, während die Kinder von 7 bis 12 Jahren und der Erwachsene einen Eindruck von «Inbewegungsetzung auf Entfernung» haben, auch wenn zwischen *A* und *B* ein wahrgenommener Zwischenraum von 2 bis 3 mm bleibt. Die senso-motorische Kausalität, die wir «magisch-phänomenistisch» (Erstes Kapitel, Abschnitt II) genannt haben, ist eben unabhängig von jedem räumlichen Kontakt und kann deshalb nicht von der Wahrnehmungs-Kausalität abgeleitet werden, die beim Kind viel anspruchsvolleren Bedingungen des Zusammenpralls genügen muß[4].

[4] Andererseits ist die visuelle Wahrnehmungs-Kausalität gekennzeichnet durch Stoß-Widerstands-, Gewichtseindrücke usw. (wenn sich das Quadrat *B* langsamer als *A* bewegt, erscheint es «schwerer» und widerstrebender als bei gleicher Geschwindigkeit), die nichts eigentlich Visuelles an sich haben. In diesem Falle handelt es sich wie in vielen anderen um Eindrücke taktilo-kinästhetischer Herkunft, die aber später in entsprechende visuelle Begriffe übersetzt werden. Es gibt tatsächlich eine taktilo-kinästhetische Wahrnehmungs-Kausalität, die Michotte selbst für genetisch älter als die visuelle Kausalität hält. Diese taktilo-kinästhetische Wahrnehmungs-Kausalität hängt vom ganzen Tun ab, denn die einzigen, durch das Gefühl erfahrenen Ursachen sind die Tätigkeiten des Stoßens usw., die vom eigenen Körper ausgehen. Auch dieses Beispiel scheint mit aller Klarheit zu zeigen, daß die senso-motorische Schematik in ihrer Gesamtheit die Wahrnehmungsmechanismen bestimmt und nicht aus diesen hervorgeht.

## II. Die Feldeffekte

Wenn wir jetzt die Wahrnehmungen zwischen 4 bis 5 und 12 bis 15 Jahren, also in einem Alter, da Laborexperimente möglich sind, betrachten, so können wir zwei Arten von visuellen Wahrnehmungsphänomenen unterscheiden: 1. die Feld- oder Zentrierungseffekte, die keine (aktuelle) Bewegung des Blickes voraussetzen und in einem einzigen Zentrierungsfeld sichtbar sind, wie man im Tachistoskop bei sehr kurzen Präsentationszeiten ($1/100$ bis $1-2/10$ Sekunden, was Fixierungswechsel ausschließt) kontrollieren kann; 2. die Wahrnehmungs-Tätigkeit, die Ortsveränderungen des Bildes im Raum oder Vergleiche in der Zeit voraussetzen, die beide durch ein aktives Suchen des Kindes gekennzeichnet sind: Erforschung, Verschiebung (dessen, was in X gesehen wurde, auf das, was in Y gesehen wird) im Raum oder in der Zeit, Umstellung einer Gesamtheit von Beziehungen, Vorwegnahmen, Zuordnung von Richtungen usw.

Die Wahrnehmungs-Tätigkeiten verstärken sich natürlich an Zahl und Qualität mit dem Alter: ein Kind von 9 bis 10 Jahren berücksichtigt Beziehungen und Richtungen (Wahrnehmungs-Koordinaten), die mit 5 bis 6 Jahren noch nicht angewendet werden; es erforscht die Figuren besser, antizipiert mehr usw. Die Wahrnehmungs-Tätigkeiten machen im Prinzip die Wahrnehmung adäquater und korrigieren die den Feldeffekten innewohnenden systematischen «Täuschungen» oder Verzerrungen. Doch indem sie neue Bezüge schaffen, können sie neue systematische Irrtümer erzeugen, die dann mit dem Alter zunehmen (zumindest bis zu einer bestimmten Stufe)[5].

Die Feldeffekte bleiben in jedem Alter qualitativ dieselben, außer daß

[5] Als Beispiel sei die sogenannte Gewichts-Täuschung genannt: vergleicht man zwei Schachteln von gleichem Gewicht, aber verschiedener Größe miteinander, so scheint die größere leichter zu sein, weil man eigentlich erwartete, daß sie schwerer sei. Dieser Irrtum ist mit 10 bis 12 Jahren größer als mit 5 bis 6 Jahren, weil die Antizipation aktiver ist, und stark Debile, die überhaupt nicht antizipieren, zeigen keine solche Täuschung. Schon Binet unterschied zwischen den Täuschungen, die mit dem Alter zunehmen, und denen, die abnehmen. Die ersteren hängen alle indirekt mit der Wahrnehmungstätigkeit zusammen, während die letzteren von den Feldeffekten herrühren.

sich früher oder später durch Sedimentierung der Wahrnehmungs-Tätigkeiten neue ausbilden können. Sie liefern annähernd adäquate Wahrnehmungen, aber nur annähernd, denn eine unmittelbare Wahrnehmung ist das Ergebnis einer Schätzung mit Wahrscheinlichkeitscharakter. Wenn man eine, auch sehr einfache, Darstellung betrachtet, sieht man nämlich nicht alles mit derselben Genauigkeit und vor allem nicht alles gleichzeitig: der Blick heftet sich auf einen Punkt oder einen anderen, und die «Begegnungen» zwischen den verschiedenen Teilen der Sinnesorgane und den verschiedenen Teilen des wahrgenommenen Gegenstandes sind zufällig und ungleich dicht, je nach dem Bereich des Gegenstandes und der Netzhaut und ob diese Bereiche durch die Fovea (die Zentralgrube, die Stelle des schärfsten Sehens) fixiert werden oder in der Peripherie (perifoveale Zone) bleiben. Daraus ergibt sich, daß die Feldeffekte, obwohl im großen und ganzen adäquat, immer zum Teil verzerrend sind: und diese «Täuschungen» oder systematischen Verzerrungen bleiben qualitativ in jedem Alter dieselben, aber sie nehmen unter der korrigierenden Wirkung der Wahrnehmungs-Tätigkeiten (Erforschung usw.) im Laufe der Entwicklung an Intensität oder quantitativem Wert ab.

Wenn man sagt, die primären «optisch-geometrischen» Täuschungen (die von den Feldeffekten herrühren) würden sich mit dem Alter qualitativ nicht verändern, so bedeutet das, daß die Verteilung der Täuschung je nach den Veränderungen der Figur und insbesondere ihre positiven und negativen *Maxima* in jedem Alter dieselben Eigenschaften bewahren. Die Wahrnehmung eines Rechtecks (ohne eingezeichnete Diagonalen) zum Beispiel überschätzt die langen und unterschätzt die kurzen Seiten: man variiert die kurzen Seiten bei unveränderten langen Seiten und stellt dabei fest, daß die Täuschung um so größer ist, je kürzer die kurzen Seiten sind, wobei das (räumliche) Maximum dann eintritt, wenn das Rechteck in die dünnste Gerade übergeht, die man zeichnen kann. In der optischen Täuschung der konzentrischen Kreise (Delboeuf) wird der kleine Kreis überschätzt und der große unterschätzt; das positive räumliche Maximum wird erreicht, wenn die Radien im Verhältnis 3:4 stehen. Ist der Durchmesser des kleinen Kreises kleiner als der Abstand zwischen den beiden Kreisperipherien, so kehrt sich die Täuschung um (der kleine

Kreis wird unterschätzt), und sie weist für eine bestimmte Beziehung ein negatives Maximum auf. Die Lage dieser Maxima nun bleibt in jedem Alter gleich, ebenso die der mittleren «Nulltäuschung» zwischen den positiven und negativen Irrtümern. Der quantitative Wert der Täuschungen hingegen nimmt, obwohl diese qualitativen Eigenschaften bestehen bleiben, mit dem Alter ab. Bei ein und derselben Figur, die in jedem Alter dasselbe Maximum aufweist (zum Beispiel das 3:4-Verhältnis von Delboeuf), ist also die Täuschung mit 5 Jahren stärker als später, und sie erreicht beim Erwachsenen nur noch die Hälfte oder einen Drittel des anfänglichen Wertes.

Es war die Mühe wert, diese Fakten aufzuzählen, denn sie liefern eines der seltenen Beispiele für eine Reaktion, die im Laufe der Entwicklung nur an Intensität variiert. Man muß selbstverständlich die ersten Lebensmonate von dieser Aussage ausnehmen, doch da man die Täuschung der konzentrischen Kreise bis hinunter zu den Elritzen feststellen kann, muß sie beim menschlichen Kind ebenfalls sehr früh auftreten[6].

6 Der Grund für diese Identität der Reaktionen liegt in der Einfachheit des Wahrscheinlichkeits-Mechanismus, der diese Wahrnehmungsverzerrungen erklärt. Wie einer der beiden Autoren gezeigt hat, kann man alle diese primären Täuschungen (Feldeffekte) auf Zentrierungseffekte zurückführen, die darin bestehen, daß jene Elemente, die mit dem Blick (Fovea) zentriert werden, überschätzt und alle an der Peripherie des Gesichtsfeldes liegenden Elemente unterschätzt werden. Aus dieser Heterogenität des Gesichtsfeldes ergibt sich, auch wenn der Blick sich verschiebt (Erforschung), eine Heterogenität der «Begegnungen» mit dem Gegenstand im soeben angegebenen Sinn, weil die Zentrierungen nicht gleichmäßig verteilt sind und jede Zentrierung je nach der Zahl der Begegnungen eine örtliche Überschätzung zur Folge hat. Wir wollen die Entsprechungen 1 bis n zwischen den Begegnungen auf einem Element der Figur und denen auf einem anderen Element «Verkopplungen» nennen: es gibt dann keine Verzerrung oder Täuschung, wenn die Verkopplungen vollständig (die Begegnungen also homogen) sind; das ist der Fall bei «guten Formen» wie dem Quadrat, dessen Elemente alle gleich sind. Es kommt hingegen zur Täuschung, wenn die Verkopplungen unvollständig sind, was Ungleichheiten in der Länge fördern, und man kann deshalb die Verteilung der Täuschung (*Maxima* usw.) nach einer einfachen Formel berechnen, die von den Längenunterschieden zwischen den Elementen der Figur ausgeht:

$$P \text{ (Verzerrung)} = \frac{(L_1 - L_2) \, L_2}{S} \times \frac{L_1}{L_{\max}}$$

Diese Faktoren-Dualität, wie sie in der Zahl der «Begegnungen» und durch die vollständigen oder unvollständigen «Verkopplungen» zum Ausdruck kommt, kann durch das Phänomen des *zeitlichen Maximums* der Täuschungen bewiesen werden, wo mit dem Alter einige Unterschiede auftreten. Wenn man eine Figur während sehr kurzer Zeit, $^{1-2}/_{100}$ bis 1 Sekunde, zeigt, erreicht die Täuschung im allgemeinen bei $^{1-3}/_{10}$ Sekunden ein Maximum. Der Grund dafür ist zunächst, daß es bei sehr kurzen Zeiten sehr wenige Begegnungen gibt, was ziemlich vollständige Verkopplungen wahrscheinlich macht, also eine schwache Täuschung. Bei Zeiten zwischen 0,3 bis 0,5 und 1 Sekunde werden Augenbewegungen und damit eine genauere Erforschung möglich: die Begegnungen sind somit sehr zahlreich, die Verkopplungen werden verhältnismäßig vollständig, und die Täuschung wird kleiner. Doch dazwischen nehmen die Begegnungen zu, ohne daß eine systematische Erforschung möglich ist: die Wahrscheinlichkeit von unvollständigen Verkopplungen wird also größer, und das ist der Grund für das *zeitliche* (und nicht mehr räumliche) *Maximum* der Täuschung. Doch da das zeitliche Maximum von der Schnelligkeit der Reaktionen und der Qualität der Erforschung abhängt, variiert es ein wenig mit dem Alter, im Gegensatz zum *räumlichen Maximum*: es tritt beim kleinen Kind zuweilen bei etwas längeren Zeiten als bei großen Kindern und Erwachsenen auf.

## III. Die Wahrnehmungs-Tätigkeiten

Wie wir gesehen haben, bleiben die Feldeffekte in den verschiedenen Lebensaltern verhältnismäßig konstant, doch die Wahrnehmungs-Tätigkeiten entwickeln sich fortschreitend. Das gilt zunächst für die wichtigste von ihnen: Die Erforschung der Gegenstände durch mehr oder weniger systematisches Verschieben des Blickes und seiner Fi-

($L_1$ = die größere der beiden verglichenen Längen, $L_2$ = die kürzere, $L_{max}$ = der größte Durchmesser der Figur, $S$ = die Oberfläche oder Gesamtheit der möglichen Verkopplungen).

xierungspunkte (Zentrierungen). Einer der Autoren zum Beispiel hat gemeinsam mit Vinh-Bang (durch Filmaufnahmen) den Vergleich zweier waagrechter, schräger oder senkrechter Geraden, die sich gegenseitig verlängerten, sowie der senkrechten und waagrechten Strecke einer Figur in Form eines L untersucht (die Aufgabe bestand darin zu beurteilen, ob diese Strecken gleich oder ungleich lang waren). Zwischen den Reaktionen der Sechsjährigen und der älteren Kinder waren zwei deutliche Unterschiede zu erkennen. Einerseits sind bei den Sechsjährigen die Fixierungspunkte viel weniger gut gezielt, und sie verteilen sich auf eine viel größere Fläche. Andererseits sind bei den Kleinen die Verschiebungs- und Vergleichsbewegungen von einem Abschnitt zum anderen verhältnismäßig weniger häufig als die einfachen Verschiebungen zufälliger Art. Mit einem Wort, die Kinder verhalten sich so, als ob sie auch ohne exakte Zentrierungen zu sehen hofften, während die Großen aktiver hinsehen, indem sie die Erforschung durch eine Strategie oder eine Reihe von Entscheidungen lenken, so daß die Zentrierungspunkte ein *Maximum* an Information und ein *Minimum* an Verlusten aufweisen[7].

Doch die Erforschung kann polarisiert sein und dadurch sekundäre Irrtümer nach sich ziehen: das ist der Fall bei den senkrechten Strecken, die im Vergleich mit waagrechten Strecken gleicher Länge überschätzt werden, weil sich die Zentrierungen am häufigsten auf die Mitte der waagrechten und auf die Spitze der senkrechten Strecken richten (was durch die Aufzeichnung der Augenbewegun-

7 Dieser Mangel an aktiver Erforschung erklärt ein Merkmal, das man in den Wahrnehmungen der Kinder unter 7 Jahren beschrieben hat: den Synkretismus (Claparède) oder Globalcharakter (Decroly), die Tatsache nämlich, daß das Kind in einer komplexen Darstellung nur den Gesamteindruck wahrnimmt, ohne Analyse der Teile und Synthese ihrer Beziehungen. G. Meili-Dworetski zum Beispiel hat eine doppeldeutige Figur verwendet, in der man ein Paar Scheren oder ein menschliches Gesicht sehen kann. Die beiden Strukturen werden von Erwachsenen abwechslungsweise gesehen und bleiben simultan miteinander unvereinbar (weil dieselben Kreise entweder die Augen oder die Ringe der Schere darstellen); eine gewisse Zahl Kinder hat hingegen geantwortet: «Das ist ein Mann, dem man eine Schere ins Gesicht geworfen hat.» Dieser Synkretismus gehorcht aber nicht Gesetzen, die sich mit denen der Feldeffekte vergleichen ließen; er weist nur auf das Fehlen einer systematischen Erforschungstätigkeit hin.

gen bestätigt wird). Dieser Irrtum bei der Senkrechten verstärkt sich eher mit zunehmendem Alter.

Die Erforschung kann sich andererseits mit Übungseffekten und folglich mit zeitlichen Verschiebungen verbinden, falls man dieselben Vergleiche mit den gleichen Figuren zwanzigmal oder mehr wiederholt. Man beobachtet dann sehr signifikante Unterschiede je nach Alter, die unter der Leitung eines der Autoren von G. Noelting mit der optischen Täuschung von Müller-Lyer (gefiederte Figuren) und am Rhombus (Unterschätzung der längeren Diagonale) genauer untersucht wurden. Beim Erwachsenen führt die Wiederholung der Vergleiche zu einer ständigen Verkleinerung des systematischen Irrtums, ja zu dessen vollständiger Beseitigung: dieser Effekt der Übung oder kumulativen Erforschung ist um so interessanter, als das Kind nichts von seinen Ergebnissen weiß, so daß also keine äußeren Einflüsse mitwirken. Man muß diese Form des Lernens auf eine fortschreitende Ausgleichung (immer vollständigere Verkopplungen) zurückführen. Bei Kindern zwischen 7 und 12 Jahren findet man dieselben Effekte, aber sie sind um so schwächer, je jünger das Kind ist, und mit zunehmendem Alter läßt sich ein ziemlich regelmäßiger Fortschritt feststellen. Hingegen konnte mit dieser Technik unterhalb von 7 Jahren keinerlei Wirkung der Übung oder der Wiederholung entdeckt werden: die Irrtumskurve schwankt hier um denselben Mittelwert, ob 20 oder sogar 30 und 40 Wiederholungen durchgeführt wurden (ein Kind ermüdet weniger rasch, wenn es keine aktive Erforschung zeigt), es findet kein Lernen statt. Das Lernen beginnt also, und diese Feststellung ist recht interessant, erst mit ungefähr 7 Jahren, das heißt in einem Alter, wo sich der Synkretismus stark abschwächt und die Augenbewegungen besser gelenkt werden, wo sich vor allem die ersten logisch-mathematischen Operationen ausbilden und wo folglich die Wahrnehmungs-Tätigkeit durch eine Intelligenz gelenkt werden kann, die die Probleme besser erfaßt: es ist natürlich nicht so, daß die Intelligenz dann an die Stelle der Wahrnehmung tritt, aber indem sie das Wirkliche strukturiert, trägt sie dazu bei, die Aufnahme der Wahrnehmungs-Information zu programmieren, das heißt auf das hinzuweisen, was mit größerer Aufmerksamkeit betrachtet werden muß. Sogar im Bereich der einfachen linearen Längen spielt diese

50

Programmierung offensichtlich eine Rolle, indem sie die globalen oder auch nur zahlenmäßigen Schätzungen durch eine Metrik ersetzt (siehe im vierten Kapitel, II, 6).

Diese orientierende Wirkung der Intelligenz ist noch deutlicher im Bereich der Wahrnehmungs-Koordinaten, das heißt in den Bezugsetzungen mit waagrechten und senkrechten Achsen, von denen her die Ausrichtung von Figuren oder Linien bestimmt werden kann. H. Wursten hat auf Anregung eines der beiden Autoren den Vergleich der Längen einer senkrechten Geraden von 5 cm und einer schrägen Geraden in wechselnder Stellung (einbegriffen die waagerechte), die 5 cm von der ersten entfernt begann, studiert. Dieser Vergleich fällt dem Erwachsenen schwer, was aus ziemlich ausgeprägten Fehlern zu ersehen ist, aber die Ergebnisse bei Fünf- und Sechsjährigen sind viel besser, denn die Kinder kümmern sich nicht um die Richtung der Linien (was dadurch bewiesen wird, daß sie das *Maximum* an Irrtümern verzeichnen, wenn man durch Vergleichen von Figuren untereinander diese Richtung selbst testet, während diese Abschätzung dem Erwachsenen keine Schwierigkeiten bereitet). Zwischen dem 5. bis 6. und dem 12. Lebensjahr nimmt der Irrtum in bezug auf die Längen bis zum 9. oder 10. Jahr zu, wo er ein *Maximum* erreicht, um dann etwas kleiner zu werden (dank neuen Wahrnehmungs-Tätigkeiten bei der Verschiebung der Längen unabhängig von der Richtung). Dieses Alter von 9 bis 10 Jahren ist nun eben die Zeit, da sich im Bereich der Intelligenz das System der operativen Koordinaten organisiert, da also das Kind beginnt, die Richtungen zu bemerken, was es im Falle der wahrnehmungsmäßigen Abschätzung der Längen dann behindert[8].

[8] P. Dadsetan hat das eben beschriebene Experiment anschließend vervollständigt, indem er beurteilen ließ, ob eine Strecke innerhalb eines Dreiecks mit schräger Basis waagrecht sei; die ganze Figur wurde auf ein großes weißes Blatt gezeichnet, dessen Ränder mit schwarzen Strichen hervorgehoben wurden, um die Bezugsetzungen zu erleichtern. Wir wollen nicht auf Einzelheiten eingehen, sondern nur das Wesentliche herausgreifen: wiederum erst mit 9 bis 10 Jahren wird das Kind für die Gesamtbeziehungen (außerhalb des Dreiecks) empfänglich, weil es unter dem Einfluß der sich bildenden operativen Koordinaten, aber erst jetzt, auf den «Gedanken kommt», die Blattränder anzusehen und so endlich über die Grenzen der dreieckigen Figur hinauszugehen. Als Dadsetan bei denselben Kindern die Fähigkeit testete, die operativen

Man ersieht daraus, daß sich die Wahrnehmungs-Tätigkeiten allgemein mit dem Alter entwickeln, bis sie sich den Direktiven anpassen können, die ihnen die Intelligenz in ihren operativen Fortschritten gibt. Bevor sich aber die Denkoperationen ausbilden, gibt das gesamte Tun die Richtung an, wie im I. Abschnitt dieses Kapitels gezeigt wurde. Man kann deshalb die Wahrnehmungs-Tätigkeiten unmöglich als das Ergebnis einer einfachen Ausweitung oder eines bloßen Geschmeidigmachens der Feldeffekte betrachten, wie die Gestaltpsychologie in ihren Theorien annimmt. Die Feldeffekte erscheinen im Gegenteil – denn es gibt frühzeitige – als lokale Sedimentierungen von Wahrnehmungs-Tätigkeiten verschiedener Grade, und die zumindest globalen Bezugsetzungen oder Vergleiche beginnen schon in den ersten Wochen.

## IV. Wahrnehmungen, Begriffe und Operationen

Nachdem diese Tatsachen festgehalten sind, können wir auf das Problem zurückkommen, das wir in der Einleitung zu diesem Kapitel aufgeworfen haben: Genügt die Entwicklung der Wahrnehmungen, um die Entwicklung der Intelligenz oder zumindest ihres Inhalts (Begriffe) zu erklären, oder hat der Sensualismus ganz einfach die Rolle des Tuns und seiner senso-motorischen Schematik vergessen und kann diese der Ursprung der Wahrnehmungen und zugleich der Ausgangspunkt der späteren Denkoperationen sein?

### *1. Methoden*

Der Empirismus behauptet, der Inhalt der Begriffe werde aus der Wahrnehmung abgeleitet, ihre Form bestehe bloß aus einem System

Koordinaten zu benützen (indem er die Linie der Wasseroberfläche in einer bauchigen Flasche voraussagen ließ, die man dann schräg stellte: siehe Abschnitt III des dritten Kapitels), fand er einen leichten Vorsprung der operativen Koordinierung gegenüber seinem Wahrnehmungsversuch, was einmal mehr die Rolle der Intelligenz bei der Programmierung der Wahrnehmungstätigkeit zeigt.

von Abstraktionen und Verallgemeinerungen ohne konstruktive Strukturierung, also ohne Verbindungen, die den von der Wahrnehmung gelieferten Beziehungen fremd oder ihnen überlegen wären. Wir werden im Gegenteil feststellen, daß eine solche Strukturierung ständig sichtbar wird, daß sie aus dem Tun oder den Operationen hervorgeht und daß sie die Begriffe (selbstverständlich zusätzlich zu den aus der Wahrnehmung geschöpften Informationen) mit nicht-wahrnehmungsmäßigen Inhalten bereichert, weil die senso-motorische Schematik von allem Anfang an über die Wahrnehmung hinausgeht und in sich selbst nicht wahrnehmbar ist.

Die Methode, mit deren Hilfe wir das Problem diskutieren wollen, besteht darin, daß wir einige Begriffe auswählen, deren prä-operative und operative Entwicklung gut bekannt ist, und die zugeordneten Wahrnehmungen analysieren (zum Beispiel die Geschwindigkeitswahrnehmungen für die Geschwindigkeitsbegriffe usw.), um so entscheiden zu können, ob sie wirklich genügen, diese Begriffe auszufüllen.

Man trifft in dieser Hinsicht auf vier Arten von Situationen. Die erste (Situation I) ist diejenige, wo Wahrnehmung und Begriff (oder Vorbegriff) auf derselben Stufe zu stehen scheinen, wo also der Begriff durch ein senso-motorisches Schema und noch nicht durch ein Vorstellungsschema gebildet wird. Wir haben im I. Abschnitt Beispiele für solche Beziehungen (permanenter Gegenstand und Wahrnehmungskonstanzen oder Tunnel-Effekt, senso-motorische und Wahrnehmungs-Kausalität) kennengelernt, die in diesem Fall Interaktions-Beziehungen sind, da sich das senso-motorische Schema nicht auf die entsprechenden Wahrnehmungsstrukturen zurückführen läßt.

Die Situationen II bis IV treten, wie wir noch sehen werden, ein, wenn die Bildung der Wahrnehmungen der Bildung der entsprechenden Begriffe weit voraus ist, so daß diese nun aus Vorstellungskonzepten bestehen.

## 2. Begriffe und projektive Wahrnehmungen

In der Situation der Form II entwickeln sich der Begriff und die Wahrnehmung divergierend. Die mit der Perspektive (Verkleinerung in der Entfernung, Verkürzungen usw.) zusammenhängenden Begriffe und Vorstellungen treten erst von 7 Jahren an auf (Verständnis für Größen- und Formveränderungen je nach Standpunkt, perspektivische Darstellungen in der Zeichnung usw.) und erreichen mit 9 bis 10 Jahren eine gewisse Ausgeglichenheit (Koordinierung der Standpunkte in bezug auf ein System von drei Gegenständen). Die Wahrnehmung der projektiven oder scheinbaren Größen (die Gleichheit der scheinbaren Größen eines konstanten Stabes von 10 cm Länge in 1 m Entfernung und eines veränderlichen Stabes in 4 m Entfernung, der dann 40 cm lang sein müßte, beurteilen) hingegen fällt Erwachsenen, berufsmäßige Zeichner ausgenommen, sehr schwer (der durchschnittliche Erwachsene wählt in diesem Fall einen Stab von 20 cm Länge in 4 m Entfernung), während ein Kind von 6 bis 7 Jahren zwar viel Mühe hat, die Frage zu verstehen, aber sehr viel bessere Ergebnisse erzielt, wenn es die Frage einmal verstanden hat. Später verschlechtert sich die Wahrnehmung, während der Begriff sich entwickelt, was beweist, daß dieser nicht ohne weiteres von der Wahrnehmung abstammt: In diesem Bereich liefert nämlich die Wahrnehmung nur Momentaufnahmen, die diesem oder jenem Gesichtspunkt des Kindes im gegebenen Augenblick entsprechen, während der Begriff die Koordinierung aller Gesichtspunkte und das Verstehen der Umwandlungen, die von einem Gesichtspunkt zu einem anderen führen, voraussetzt.

## 3. Wahrnehmungskonstanzen und operative Erhaltungen

Die Situationen der Form III sind solche, wo der Aufbau der Wahrnehmungen und der entsprechenden Begriffe zum Teil isomorph ist und wo folglich die Wahrnehmung, nach der ausgezeichneten Formulierung Michottes, den Begriff vorprägt. Doch dieser Ausdruck Vorprägung kann zwei grundverschiedene Dinge bedeuten: eine Abstammung im eigentlichen Sinne des Wortes, und daran denkt Michotte, dessen gestaltpsychologische und aristotelische Neigungen bekannt sind, oder eine bloße Analogie in der Ausbildung, mit seitlicher und nicht direkter Verwandtschaft, wobei die senso-motorische Schematik der gemeinsame Ursprung wäre.

Als Beispiel für diese einfachen Vorprägungen kann man die Beziehungen zwischen den Wahrnehmungskonstanzen, von denen wir bereits gesprochen haben (Abschnitt I des zweiten Kapitels), und den operativen Erhaltungen, von denen später die Rede sein wird (Abschnitt I des vierten Kapitels), erwähnen. Beide haben nämlich gemeinsam, daß sie eine Eigenschaft des Gegenstandes bewahren: seine wirkliche Größe oder Form im Falle der Wahrnehmungskonstanzen, wenn die scheinbare Größe oder Form verändert werden; seine Materiemenge, sein Gewicht usw. im Falle der operativen Erhaltungen, wenn man eine Flüssigkeit von einem Gefäß in ein anderes umgießt oder die Form eines Tonkügelchens verändert. Beide beruhen andererseits auf Kompensationsmechanismen durch multiplikativen Vergleich (im logischen Sinne des Wortes). Im Falle der Größenkonstanz nimmt die scheinbare Größe ab, wenn die Entfernung größer wird, und die wirkliche Größe wird aus der Koordinierung dieser beiden Veränderlichen als annähernd konstante Resultante wahrgenommen. Im Falle der Erhaltung der Materie wird die Flüssigkeitsmenge als gleichbleibend beurteilt, wenn das Kind, obwohl es sieht, daß die Flüssigkeit in einem dünneren Glas höher steigt, umgekehrt auch feststellt, daß die Breite der Säule abnimmt und folglich das Ergebnis durch Kompensation konstant ist (logische oder deduktive Kompensation, das versteht sich von selbst, ohne jede Messung oder zahlenmäßige Berechnung). Zwischen den Mechanismen der Konstanzen und der Erhaltung besteht also Konstruktionsanalogie oder Teilisomorphismus.

Dennoch beginnen die ersten operativen Erhaltungen erst mit 7 bis 8 Jahren (Substanz), und sie weiten ihren Bereich bis zu 12 Jahren (Volumen) aus; der Mechanismus der deduktiven Kompensationen fehlt während der ganzen präoperativen Periode bis zum 6./7. Lebensjahr. Die Wahrnehmungskonstanzen treten hingegen, wie wir gesehen haben, schon im ersten Jahr (senso-motorische Periode) auf.

Sie entwickeln sich noch bis zum 10. Jahr: die Fünf- bis Siebenjährigen unterschätzen die Größen auf Distanz ein wenig, die größeren Kinder und die Erwachsenen überschätzen sie dann (Überkonstanz durch Überkompensation). Doch der Mechanismus der perzeptiven Kompensationen ist von 6 bis 12 Monaten an am Werk, das heißt etwa 7 Jahre früher als die operativen Kompensationen.

Um die genetische Verwandtschaft oder ein mögliches Abstammungsverhältnis zwischen den Konstanzen und den Erhaltungen zu beurteilen, muß man zuerst dieses beträchtliche Auseinanderklaffen erklären. Der Grund dafür ist einfach. Im Falle der Wahrnehmungskonstanzen wird der Gegenstand nicht tatsächlich, sondern nur scheinbar verändert, das heißt nur unter dem Gesichtspunkt des Kindes. In diesem Falle ist es nicht nötig nachzudenken, um den Schein zu korrigieren, und eine einfache Regulierung der Wahrnehmung genügt (deshalb das Überschlagsmäßige der Konstanzen und die Überregulierungen mit Überkonstanzen als Folge). Im Falle der Erhaltungen hingegen wird der Gegenstand tatsächlich verändert, und um die Invarianz zu begreifen, muß operativ ein Umwandlungssystem aufgebaut werden, das die Kompensationen sicherstellt.

Als Schlußfolgerung ergibt sich somit: wenn auch die Konstanzen und die Erhaltungen auf analoge Weise durch regulierende oder operative Kompensationen aufgebaut werden, leiten sich die Erhaltungen dennoch nicht von den Konstanzen ab, weil sie viel komplexer sind. Sie sind dennoch miteinander verwandt, aber seitlich: die operativen Erhaltungen stellen eine direkte Verlängerung jener frühen Form von Invarianz dar, die das Schema des permanenten Gegenstandes ist (früh, weil der Gegenstand nicht verändert und nur verschoben wird wie im Falle der Konstanzen, aber vollständig aus dem Gesichtskreis heraustritt), und zwischen dem Schema und den sich ausbildenden Konstanzen gibt es, wie wir gesehen haben, Zwischenwirkungen.

Die Situationen der Form IV zeigen ähnliche Vorprägungen wie die eben beschriebenen, aber mit Rückwirkung der Intelligenz auf die Wahrnehmung[9].

9 Man kann als Beispiel das bereits diskutierte der Wahrnehmungskoordinaten erwähnen. Der Begriff ist hier in der Wahrnehmung in dem Sinne vorgeprägt, als

## 4. Schlußfolgerungen

Ganz allgemein kann man folglich die Begriffe der Intelligenz unmöglich als durch einfache Abstraktions- und Verallgemeinerungsprozesse direkt aus den Wahrnehmungen abgeleitet auffassen, denn außer perzeptiven Informationen enthalten sie immer zusätzlich auch spezifische Konstruktionen mehr oder weniger komplexer Natur. Im Falle der logisch-mathematischen Begriffe setzen sie eine ganze Reihe von Operationen voraus, die nicht von den wahrgenommenen Gegenständen, sondern von den auf die Gegenstände ausgeübten Aktionen abstrahiert werden, was nicht gleichbedeutend ist, denn jedes Tun kann extero- und propriozeptive Wahrnehmungen veranlassen, aber die Schemata dieser Aktionen sind nicht mehr wahrnehmbar. Was die physikalischen usw. Begriffe betrifft, ist der Anteil an perzeptiver Information notwendigerweise größer, doch so elementar diese Begriffe beim Kind auch sind, sie können ebenfalls nicht ohne eine logisch-mathematische Strukturierung ausgebildet werden, die wiederum über die Wahrnehmung hinausgeht.

Was die Operationen selbst betrifft, die im vierten und fünften Kapitel behandelt werden, ist bekannt, daß Max Wertheimer, einer der Begründer der Gestalttheorie, versucht hat, sie auf eine solche Struktur zurückzuführen[10], und daß die Gestaltpsychologie die ganze Intelligenz als eine Ausweitung der «Gestalten», die ursprünglich die Welt der Wahrnehmungen regieren, auf immer weitere Bereiche interpretiert. Nicht nur alles bisher Gesagte widerspricht dieser Interpretation, auch was die Operationen als solche betrifft, kann man dieses Kapitel mit den folgenden Erwägungen abschließen. Die Wahrnehmungsstrukturen sind grundsätzlich unumkehrbar, irreversibel, insofern sie auf einer probabilistischen Ausbildungsweise beruhen, die im Bereich der Feldeffekte offenkundig ist, die aber auch noch in

gewisse Richtungen auf allen Wahrnehmungsstufen aufgrund von Beziehungen (der eigene Körper oder Elemente, die in der Nähe des betrachteten Gegenstandes sind) abgeschätzt werden. Sobald aber die operativen Koordinaten als Verallgemeinerungen der Meßoperationen in zwei oder drei Dimensionen einmal ausgebildet sind, wirken sie auf die Wahrnehmung zurück, wie wir im Abschnitt III gesehen haben.

10 Max Wertheimer, Productive Thinking. Deutsch: Produktives Denken.

den Regulierungen der Wahrnehmungstätigkeit mitwirkt (obwohl diese Regulierungen den Anteil des Zufalls oder der irreversiblen Vermischung verkleinern). Die Operationen aber sind, obwohl auch sie Gesamtstrukturen darstellen, grundsätzlich reversibel: $+ n$ wird durch $- n$ genau aufgehoben. Andererseits und folglich sind die Wahrnehmungsstrukturen nicht additiv zusammengesetzt, und gerade mit diesem Merkmal definieren die Gestaltpsychologen ihren zentralen Begriff der Gestalt: eine Operation aber ist streng additiv, denn $2 + 2$ gibt genau 4 und nicht ein wenig mehr oder weniger, als ob es sich um eine Wahrnehmungsstruktur handelte. Es scheint deshalb unmöglich zu sein, die Operationen oder die Intelligenz im allgemeinen von den Wahrnehmungssystemen abzuleiten, und obwohl die präoperativen Denkformen allerlei intermediäre Zustände aufweisen, die an die Wahrnehmungsformen erinnern, bleibt zwischen der Irreversibilität der perzeptiven Anpassungen an die gegebenen Situationen und den reversiblen Konstruktionen, die für die logisch-mathematischen Erwerbungen der operativen Intelligenz eigentümlich sind, sowohl unter einem genetischen Gesichtspunkt als auch vom Standpunkt ihrer Bestimmung in der Geschichte des wissenschaftlichen Denkens her eine grundlegende Richtungsdualität bestehen.

# DRITTES KAPITEL

# DIE SEMIOTISCHE ODER SYMBOLISCHE FUNKTION

—

Am Ende der senso-motorischen Periode, zwischen 1¹/₂ und 2 Jahren, tritt eine für die Entwicklung der späteren Verhaltensweisen grundlegende Funktion auf, nämlich, daß man etwas (irgend etwas «Bezeichnetes»: Gegenstand, Ereignis, Begriffsschema usw.) mit Hilfe eines differenzierten «Zeichens», das nur gerade dieser Vorstellung dient, abbilden kann: Sprache, inneres Bild, symbolische Geste usw. Nach Head und den Spezialisten für Sprachstörungen nennt man diese vorstellungserzeugende Funktion im allgemeinen «symbolisch». Da aber die Linguisten sorgfältig zwischen «Symbolen» und «Zeichen» unterscheiden, ist es besser, mit ihnen zusammen den Ausdruck «semiotische Funktion» zu verwenden, um die Funktionsweisen zu bezeichnen, die sich auf das System der differenzierten Zeichen beziehen.

## 1. Die semiotische Funktion und die Nachahmung

Die senso-motorischen Mechanismen kennen noch keine Vorstellung, und Verhaltensweisen, die ein Verlangen nach einem nicht gegenwärtigen Gegenstand beinhalten, lassen sich nicht vor Ablauf des zweiten Lebensjahres beobachten. Wenn sich um 9 bis 12 Monate herum das Schema des permanenten Gegenstandes ausbildet, wird zwar ein verschwundener Gegenstand gesucht: aber er war eben wahrgenommen worden, er entspricht folglich einer bereits im Gange befindlichen Handlung, und ein System von gleichzeitig wirksamen Hinweisen ermöglicht es, ihn wiederzufinden.

Wenn es auch noch keine Vorstellung gibt, werden dennoch schon von allem Anfang an Bedeutungen ausgebildet und verwendet, denn jede senso-motorische Assimilation (die perzeptive inbegriffen) besteht schon darin, Bedeutungen zu übertragen. Es gibt somit von vornherein Bedeutung, also Dualität zwischen dem «Bezeichneten» (= die Schemata selbst mit ihren auf die im Gange befindlichen Handlungen bezogenen Inhalten) und dem «Zeichen», aber diese sind immer perzeptiv und folglich von dem, was sie bezeichnen, nicht verschieden, so daß man auf dieser Stufe unmöglich von semiotischer Funktion sprechen kann. Ein undifferenziertes Zeichen ist nämlich noch kein «Symbol» und kein «Zeichen» (im Sinne der verbalen Zeichen): es ist definitionsgemäß ein «Anzeichen» (zu denen auch die «Signale» gehören, die bei den bedingten Reflexen mitspielen, etwa der Glockenton, der die Nahrung anzeigt). Ein Anzeichen ist tatsächlich von dem, was es bezeichnet, in dem Sinne nicht verschieden, als es einen Aspekt (die weiße Farbe für die Milch), einen Teil (den sichtbaren Ausschnitt eines halbverborgenen Gegenstandes), ein zeitliches Vorher (die Türe, die sich öffnet, wenn die Mutter eintritt), ein kausales Ergebnis (ein Flecken) usw. davon ausmacht.

## *1. Das Auftreten der semiotischen Funktion*

Im Laufe des zweiten Lebensjahres (als kontinuierliche Fortsetzung des Stadiums IV im Abschnitt I des ersten Kapitels) tritt jedoch ein Komplex von Verhaltensweisen auf, der den vorstellungsmäßigen Hinweis auf einen nicht vorhandenen Gegenstand oder ein nicht stattfindendes Ereignis beinhaltet und der folglich den Aufbau oder die Verwendung von differenzierten Zeichen voraussetzt, denn diese müssen sich auf Elemente beziehen können, die im gegebenen Zeitpunkt nicht wahrnehmbar sind, aber auch auf solche, die da sind. Man kann mindestens fünf solche Verhaltensweisen unterscheiden, die ungefähr gleichzeitig auftreten. Wir zählen sie in der Reihenfolge wachsender Komplexität auf:

1. Es gibt zunächst die *aufgeschobene Nachahmung*, die bei Abwesenheit des Modells beginnt. Bei einem senso-motorischen Nachahmungsverhalten beginnt das Kind in Gegenwart des Modells nachzuahmen (zum Beispiel eine Handbewegung), und danach kann es in Abwesenheit dieses Modells fortfahren, ohne daß damit irgendeine Denkvorstellung verbunden ist. Im Falle eines 16 Monate alten Mädchens hingegen, das sieht, wie ein Spielkamerad zornig wird, schreit und mit den Füßen stampft (etwas, was es noch nie gesehen hat), und das ein oder zwei Stunden nach dem Weggehen des Spielkameraden die Szene lachend nachahmt, stellt diese aufgeschobene Nachahmung einen Anfang von Vorstellung und die nachahmende Geste den Anfang eines differenzierten Zeichens dar.

2. Es gibt weiter das *symbolische Spiel* oder *Fiktionsspiel,* das auf der senso-motorischen Stufe noch unbekannt ist. Dasselbe Mädchen hat sein erstes symbolisches Spiel erfunden, indem es so tat, als ob es schliefe, sitzend und breit lächelnd, aber mit geschlossenen Augen, den Kopf geneigt, den Daumen im Mund, einen Tischtuchzipfel, der den Zipfel des Kopfkissens vortäuschte, in der Hand, also das übliche Ritual vor dem Einschlafen; kurz darauf legte es seinen Plüschbären schlafen und hob eine Muschel auf eine Schachtel, wobei es «miau» sagte (es hatte soeben eine Katze auf einer Mauer gesehen) usw. In allen diesen Fällen ist die Vorstellung unzweideutig, und das differenzierte Zeichen ist wiederum eine nachahmende Geste, aber sie wird von Gegenständen begleitet, die zu «Symbolen» geworden sind.

3. Die *Zeichnung* oder das Zeichenbild steht, am Anfang, zwischen dem Spiel und dem inneren Bild, obwohl sie kaum vor 2 bis 2¹/₂ Jahren auftritt.

4. Früher oder später folgt das *innere Bild,* das auf der senso-motorischen Stufe noch vollständig fehlt (sonst würde die Entdeckung des permanenten Gegenstandes stark erleichtert) und das als eine verinnerlichte Nachahmung erscheint.

5. Die sich entwickelnde Sprache ermöglicht schließlich die *verbale Erwähnung* von nicht-aktuellen Ereignissen. Wenn das erwähnte Mädchen «miau» sagte, ohne die Katze mehr zu sehen, kommt zur Nachahmung eine verbale Vorstellung hinzu. Wenn es einige Zeit später «panene pati» ( = grand-papa parti, Großvater weggegangen) sagt und dazu auf den abschüssigen Weg zeigt, auf dem er weggegangen ist, so stützt sich die Vorstellung ausschließlich (oder verbunden mit einem inneren Bild) auf das differenzierte Zeichen, das die Zeichen der Sprache durch Lernen bilden.

## 2. Die Rolle der Nachahmung

Auf diese Art und Weise äußert sich am Anfang die semiotische Funktion. Das erste Problem ist es nun, den Mechanismus ihrer Ausbildung zu verstehen. Doch die Lösung dieses Problems wird durch die Tatsache vereinfacht, daß die ersten vier der fünf Verhaltensformen auf der Nachahmung beruhen und daß die Sprache selbst, die im Gegensatz zu den anderen vier Verhaltensweisen nicht vom Kind erfunden wird, notwendig in einem Nachahmungskontext erworben wird (denn wenn sie nur durch ein Spiel bedingter Reflexe, wie oft gesagt wird, erlernt würde, müßte sie schon im zweiten Monat auftreten!). Die Nachahmung also stellt zugleich die senso-motorische Vorwegnahme der Vorstellung und folglich den Übergangszustand zwischen der senso-motorischen Stufe und den im eigentlichen Sinne des Wortes vorstellungsmäßigen Verhaltensweisen dar.

Die Nachahmung ist zunächst eine Vorform der Vorstellung, das heißt, sie bildet während der senso-motorischen Periode eine Art Vorstellung in materiellen Akten und noch nicht im Denken[1].

---

[1] Die Nachahmung beginnt (schon in den Stadien II und III des ersten Kapitels) mit einer Art Ansteckung oder Echopraxis: wenn jemand vor dem Kind Gebärden ausführt, die es selbst fertig bringt (weil es sie dann nach einer gewissen Zeit macht), so ist das eine Assimilation dieser Anblicke an die eigenen Schemata und deren Auslösung. Dann kommt das Kind darauf, diese Modelle aus Interesse an dieser Wiedergabe selbst und nicht mehr durch automatische Assimilation zu reproduzieren, was den Beginn der gewissermaßen vor-vorstellungsmäßigen Funktion anzeigt, die die Nachahmung ausübt, worauf das Kind sehr bald für sich neue Gebärden kopiert, aber nur insofern diese an sichtbaren Stellen des eigenen Körpers ausführbar sind. Eine neue wichtige Etappe beginnt, wenn es sich um auf das Gesicht bezogene Modelle (den Mund oder die Augen öffen und schließen usw.) handelt: die Schwierigkeit besteht dann darin, daß das eigene Gesicht nur taktil und das des anderen visuell bekannt ist, einige wenige taktile Erforschungen des Gesichts eines anderen ausgenommen, die auf dieser Stufe interessant sind, wo das Kind Zuordnungen zwischen den visuellen und den taktilo-kinästhetischen Registern konstruiert, um die Nachahmung auf die nicht sichtbaren Teile seines Körpers verallgemeinern zu können. Solange diese Zuordnungen nicht ausgearbeitet sind, bleibt die Nachahmung von Gesichtsbewegungen unmöglich oder zufällig: das lautlose Gähnen zum Beispiel, das später so ansteckend ist, wird nicht vor ungefähr einem Jahr nachgeahmt. Sobald die Zuordnungen durch eine Reihe von (tönenden usw.) Anzeichen konstruiert sind, wird die Nachahmung verallgemeinert, und man erkennt dann ihre wichtige Rolle auf dieser Stufe als Werkzeug zum Erkennen des eigenen Körpers in Analogie zu dem eines anderen. Es ist deshalb nicht übertrieben, sie als eine Art aktualisierte Vorstellung zu betrachten, und unter einem solchen Gesichtspunkt kann man sich Baldwin anschließen, wenn er in ihr ein grundlegendes Werkzeug für die komplementäre Konstruktion des Anderen und des Ich sieht.

Am Ende der senso-motorischen Periode beherrscht das Kind die derart verallgemeinerte Nachahmung so meisterhaft, daß die aufgeschobene Nachahmung möglich wird: die Vorstellung im Akt befreit sich dann nämlich von den senso-motorischen Forderungen nach einer unmittelbaren perzeptiven Kopie und erreicht ein Zwischenstadium, in dem der Akt, derart aus seinem Zusammenhang gelöst, differenziertes Zeichen und folglich zum Teil bereits Vorstellung im Denken wird. Mit dem symbolischen Spiel und der Zeichnung wird dieser Übergang von «Vorstellung im Akt» zu «Vorstellung im Denken» beschleunigt: das «so tun als ob man schlafe» im eben erwähnten Beispiel ist an sich noch ein aus seinem Zusammenhang gelöster Akt, darüber hinaus aber auch ein Symbol, das verallgemeinert werden kann. Mit dem inneren Bild wird anschließend die Nachahmung nicht bloß aufgeschoben, sondern auch verinnerlicht, und die Vorstellung, die sie möglich macht und die so von jedem äußeren Akt zugunsten dieser inneren Aktionsentwürfe oder -versuche, die sie künftig tragen werden, losgelöst ist, ist jetzt bereit, Denken zu werden. Die Erwerbung der Sprache, die in diesen Nachahmungskontexten zugänglich geworden ist, überdeckt schließlich den Gesamtprozeß, indem sie einen Kontakt mit anderen sicherstellt, der viel stärker ist als die bloße Nachahmung und so der sich entwickelnden Vorstellung ermöglicht, ihre Fähigkeiten zu steigern, indem sie sich auf die Kommunikation stützt.

### 3. Symbole und Zeichen

Die semiotische Funktion erzeugt so alles in allem zwei Arten von Werkzeugen: die *Symbole*, die «motiviert» sind, das heißt, obwohl sie differenzierte Zeichen sind, einige Ähnlichkeit mit dem Bezeichneten aufweisen, und die *Zeichen*, die willkürlich oder konventionell sind. Die Symbole können, insofern sie motiviert sind, vom Individuum selbst ausgebildet werden, und die ersten Symbole des Kinderspiels sind gute Beispiele für diese individuellen Schöpfungen, die selbstverständlich spätere kollektive Symbolismen nicht ausschließen: die aufgeschobene Nachahmung, das symbolische Spiel, das Zeichenbild oder das innere Bild leiten sich deshalb unmittelbar aus der

Nachahmung ab, und zwar nicht als Übertragung fertiger äußerer Modelle (denn es gibt Nachahmung seiner selbst so gut wie Nachahmung der anderen, wie das beschriebene Beispiel vom simulierten Schlaf zeigt), sondern als Übergang von der Vor-Vorstellung im Akt zur inneren Vorstellung oder Vorstellung im Denken. Das Zeichen hingegen ist, weil konventionell, notwendig kollektiv: das Kind erhält es über den Kanal der Nachahmung, doch diesmal als Erwerbung äußerer Modelle; aber das Kind gestaltet es sogleich auf seine Weise und verwendet es so, wie wir im Abschnitt VI dieses Kapitels noch sehen werden.

## II. Das symbolische Spiel

Das symbolische Spiel bildet zweifellos den Höhepunkt des Kinderspiels. Noch mehr als die zwei oder drei anderen Spielformen, von denen wir auch sprechen werden, entspricht es der wesentlichen Funktion, die das Spiel im Leben des Kindes hat. Da das Kind gezwungen ist, sich ständig an eine Gesellschaft von Älteren anzupassen, deren Interessen und Regeln ihm fremd bleiben, und ebenso an eine physische Welt, die es noch kaum versteht, gelingt es ihm nicht wie uns, die affektiven und sogar intellektuellen Bedürfnisse seines Ich in diesen Anpassungen zu befriedigen, die bei den Erwachsenen mehr oder weniger vollständig sind, aber bei ihm noch um so unvollendeter bleiben, je jünger es ist. Für sein affektives und intellektuelles Gleichgewicht ist es deshalb notwendig, daß es über einen Tätigkeitsbereich verfügen kann, dessen Motivation nicht die Anpassung an das Wirkliche, sondern im Gegenteil die Anpassung des Wirklichen an das Ich ist, ohne Zwang und Sanktionen: das ist das Spiel, das die Wirklichkeit durch mehr oder weniger reine Assimilation nach den Bedürfnissen des Ich transformiert, während die Nachahmung (wenn sie Selbstzweck ist) mehr oder weniger reine Akkomodation an die äußeren Modelle und die Intelligenz Gleichgewicht zwischen der Assimilation und der Akkomodation ist[2].

[2] J. Piaget, La formation du symbole chez l'enfant. Deutsch: Nachahmung, Spiel und Traum.

Das grundlegende Werkzeug der sozialen Anpassung ist zudem die Sprache, die nicht vom Kind erfunden wird, sondern ihm in fertigen Formen, die verpflichtend und kollektiver Natur sind, übertragen wird, also wieder etwas, das nicht dazu taugt, die erlebten Bedürfnisse und Erfahrungen des Ich auszudrücken. Es ist deshalb für das Kind notwendig, daß es über ein eigenes Ausdrucksmittel verfügen kann, das heißt über ein System von Zeichen, die es selbst aufgebaut hat und die es nach seinem Willen zurechtbiegen kann: das ist das System der Symbole, die für das symbolische Spiel eigentümlich sind, die als Werkzeuge der Nachahmung entliehen wurden, aber einer Nachahmung, die nicht um ihrer selbst willen betrieben und nur als Erinnerungsmittel im Dienste der spielerischen Assimilation verwendet wird: das ist das symbolische Spiel, das nicht nur wie das Spiel im allgemeinen Anpassung des Wirklichen an das Ich, sondern eine Assimilation ist, die durch eine symbolische Sprache vollzogen wurde (was sie bestärkt), welche das Ich aufgebaut hat und die nach Maßgabe der Bedürfnisse modifizierbar ist[3].

Die Funktion der Assimilation an das Ich, die das symbolische Spiel

3 Es gibt drei Hauptkategorien des Spiels und eine vierte, die den Übergang zwischen dem symbolischen Spiel und den nicht-spielerischen Tätigkeiten oder «ernsthaften» Anpassungen bildet. Die ursprüngliche Form des Spiels, die einzige, die auf der senso-motorischen Stufe zu sehen ist, die aber auch später noch teilweise erhalten bleibt, ist das «Übungs-Spiel», das keine Symbolik und keine spezifisch spielerische Technik enthält, sondern zum Vergnügen Tätigkeiten wiederholt, die anderswo mit dem Ziel der Anpassung erworben wurden: das Kind hat zum Beispiel zufällig die Möglichkeit entdeckt, einen aufgehängten Gegenstand zum Schwingen zu bringen; es wiederholt das Ergebnis, um sich daran zu adaptieren und es zu verstehen, was kein Spiel ist; dann benützt es diese Verhaltensweise aus bloßem «funktionellen Vergnügen» (K. Bühler) oder aus Freude, Ursache zu sein und ein neu erworbenes Wissen zu bestätigen (was auch noch der Erwachsene mit einem neuen Auto oder Fernsehapparat tut). Dann kommt das symbolische Spiel, dessen Merkmale wir kennengelernt haben und das seinen Höhepunkt zwischen 2 bis 3 und 5 bis 6 Jahren hat. Als drittes kommen die Regel-Spiele (Marmeln, Hüpfen usw.), die sozial von Kind zu Kind weitergegeben werden und deshalb mit den Fortschritten des sozialen Lebens des Kindes an Bedeutung gewinnen. Vom symbolischen Spiel her entwickeln sich schließlich Konstruktions-Spiele, die am Anfang noch mit spielerischer Symbolik durchsetzt sind, in der Folge jedoch dahin tendieren, wirkliche Adaptationen (mechanische Konstruktionen usw.) oder Lösungen von Problemen und intelligente Schöpfungen zu werden.

erfüllt, zeigt sich in verschiedensten besonderen Formen, die meistens vor allem affektiv sind, aber auch manchmal im Dienste kognitiver Interessen stehen können. Ein kleines Mädchen, das in den Ferien vor dem alten Glockenturm der Dorfkirche verschiedene Fragen über den Mechanismus der Glocken gestellt hatte, bleibt reglos neben dem Tisch seines Vaters stehen und vollführt einen ohrenbetäubenden Lärm: «Du störst mich ein wenig, weißt du, du siehst doch, daß ich arbeite» – «Sprich nicht mit mir», antwortet die Kleine, «ich bin eine Kirche.» Tief betroffen durch den Anblick einer gerupften Ente auf dem Küchentisch, legt sich dasselbe Kind am Abend auf ein Bett, so daß man es für krank hält und mit Fragen bestürmt, auf die es zunächst keine Antwort gibt; dann mit tonloser Stimme: «Ich bin die tote Ente!» Man ersieht aus diesen Beispielen, daß die spielerische Symbolik die Funktion ausüben kann, die für einen Erwachsenen die innere Sprache hat, aber anstatt ein interessantes oder eindrückliches Ereignis einfach noch einmal durchzudenken, braucht das Kind eine direktere Symbolik, die es ihm ermöglicht, das Ereignis noch einmal zu erleben, anstatt sich mit einer gedanklichen Erinnerung zu begnügen[4].

Aus diesen vielfältigen Funktionen des symbolischen Spiels hat man verschiedene Theorien abgeleitet, die das Spiel im allgemeinen erklären wollten, aber heute alle veraltet sind (ohne von der Hypothese der erblichen Wiederholung von Stanley-Hall zu sprechen, die im Bereich des Spiels die kühnsten Auffassungen Jungs über die unbewuß-

---

[4] Doch es sind vor allem die affektiven Konflikte, die im symbolischen Spiel wiedererscheinen. Wenn sich beim Essen irgendeine banale kleine Szene abgespielt hat, kann man zum Beispiel sicher sein, daß das Drama eine oder zwei Stunden später in einem Spiel mit der Puppe wiederholt und vor allem einer glücklicheren Lösung zugeführt wird, indem das Kind entweder seiner Puppe eine klügere Erziehung als die der Eltern angedeihen läßt oder in das Spiel integriert, was ihm bei Tisch seine Eigenliebe nicht zugab (etwa einen Teller mit einer für abscheulich gehaltenen Suppe leerzuessen), vor allem wenn die Puppe dies symbolisch tut. Wenn sich das Kind vor einem großen Hund fürchtet, kann man ebenfalls sicher sein, daß sich die Dinge in einem symbolischen Spiel einrenken, wo die Hunde aufhören, böse zu sein, oder aber die Kinder mutig werden. Das symbolische Spiel kann so, allgemein gesagt, zur Überwindung von Konflikten, aber auch zur Ausgleichung nicht befriedigter Bedürfnisse, zu Rollenvertauschungen (Gehorsam und Autorität), zur Befreiung und Ausweitung des Ich usw. dienen.

ten Symbole ankündigte). Die wichtigste dieser alten Theorien ist die von Karl Groos, dem das große Verdienst zukommt, als erster entdeckt zu haben, daß das Spiel der Kinder (und der Tiere) eine grundlegende funktionelle Bedeutung hat und nicht bloße Entspannung ist. Doch er sah im Spiel eine Einübung auf die künftigen Tätigkeiten des Individuums, was richtig, aber banal ist, wenn man damit nur sagen will, das Spiel sei wie jede allgemeine Funktion nützlich für die Entwicklung, was aber sinnlos wird, wenn man sich den Einzelheiten zuwendet: bereitet sich das Kind, das eine Kirche spielt, etwa darauf vor, Küster, und das Kind, das eine tote Ente spielt, Ornithologe zu werden? Viel gründlicher ist die Theorie von J. J. Buytendijk, der das Spiel mit den Gesetzen der «kindlichen Dynamik» verbindet. Nur ist diese Dynamik an sich nicht spielerisch, und wenn man das zum Ausdruck bringen will, was das Spiel an Spezifischem an sich hat, scheint es, wie wir oben vorgeschlagen haben, notwendig zu sein, einen Pol der Assimilation an das Ich anzunehmen, der vom akkomodierenden Pol der Nachahmung und dem Gleichgewicht zwischen ihnen (Intelligenz) verschieden ist[5]; im symbolischen Spiel äußert sich also diese systematische Assimilation in einer besonderen Ausnutzung der semiotischen Funktion, die nach freiem Ermessen Symbole schafft, um all das auszudrücken, was in der gelebten Erfahrung nicht allein durch die Mittel der Sprache formuliert und assimiliert werden kann.

Diese auf das Ich zentrierte[6] Symbolik ist nicht nur dazu da, um die verschiedenen bewußten Interessen des Kindes zu formulieren und zu fördern. Das symbolische Spiel erstreckt sich oft auch auf unbewußte Konflikte: sexuelle Interessen, Verteidigung gegen die Angst,

[5] In einem sehr gründlichen und lebendigen Buch, Les jeux de l'esprit, hält J. O. Grandjouan die Interpretation des Spiels durch den Primat der Assimilation für ungenügend. Er betont die Regel-Spiele, während uns das symbolische Spiel, das über alle Zwischenstufen mit dem nicht-spielerischen Denken verbunden ist und sich folglich von ihm nur durch den Grad der Assimilation des Wirklichen an das Ich unterscheidet, das spezifische Spiel der frühen Kindheit zu sein scheint.

[6] Wir sagen nicht mehr «egozentrisch», wie sich früher einer der Autoren ausdrückte, denn die Psychologen kennen recht oft den Brauch der exakten Wissenschaften nicht, einen Begriff nur in Funktion der im Gegensatz zu den geläufigen Bedeutungen und Assoziationen vorgeschlagenen Definition zu diskutieren.

Phobien, Aggressivität oder Identifikation mit Aggressoren, Rückzug aus Angst vor der Gefahr oder dem Wettkampf usw. Die Symbolik des Spiels fällt in solchen Fällen mit der des Traums zusammen, so daß die besonderen Methoden der Kinder-Psychoanalyse oft Spielsachen verwenden (Melanie Klein, Anna Freud u. a.). Nur hat die Psychoanalyse die Traumsymbolik (gar nicht zu sprechen von den vielleicht unvermeidlichen Übertreibungen, die eine Interpretation der Symbole enthält, wenn man über keine ausreichenden Kontrollmittel verfügt) lange als eine Art Verstellung durch Verdrängungs- und Zensurmechanismen interpretiert. Die unscharfen Grenzen zwischen dem Bewußtsein und dem Unbewußten, für die das symbolische Spiel der Kinder zeugt, lassen eher vermuten, daß die Traumsymbolik analog der Spielsymbolik ist, denn der Schlafende verliert gleichzeitig den bewußten Gebrauch der Sprache, den Sinn für die Wirklichkeit und die deduktiven oder logischen Werkzeuge seiner Intelligenz: er befindet sich also ungewollt in derselben Situation symbolischer Assimilation, die das Kind für sich selbst sucht. C. G. Jung hat richtig gesehen, daß diese Traumsymbolik eine Art ursprüngliche Sprache darstellt, was dem entspricht, was wir soeben beim symbolischen Spiel gesehen haben, und ihm kommt das große Verdienst zu, daß er die Allgemeinheit bestimmter Symbole studiert und aufgezeigt hat. Doch ohne jeden Beweis (die Unbekümmertheit um Kontrolle ist in der Jungschen Schule noch ausgeprägter als in den Freudschen Schulen) hat er von der Allgemeinheit auf Angeborenheit geschlossen und die Theorie der erblichen Archetypen aufgestellt. Man würde zweifellos in den Gesetzen der Spielsymbolik des Kindes eine ebenso große Allgemeinheit finden. Und da das Kind vor dem erwachsenen Menschen, sogar vor dem vorgeschichtlichen Menschen (wir haben in der Einleitung daran erinnert) da ist, wird man vielleicht in der ontogenetischen Untersuchung der Mechanismen, die die semiotische Funktion ausbilden, die Lösung des Problems finden.

# III. Die Zeichnung

Die Zeichnung ist eine Form der semiotischen Funktion, die halbwegs zwischen dem symbolischen Spiel, mit dem sie dieselbe funktionelle Lust und dieselbe Selbstbezogenheit gemeinsam hat, und dem inneren Bild, der Vorstellung, mit dem sie das Bemühen um Nachahmung des Wirklichen teilt. Luquet macht aus der Zeichnung ein Spiel, doch es bleibt die Tatsache, daß sie auch in ihren frühesten Formen nicht alles beliebige mit allem beliebigen assimiliert und wie das innere Bild der nachahmenden Akkomodation näher steht. Sie stellt bald eine Vorbereitung, bald eine Resultante dieser Akkommodation dar, und zwischen dem Zeichenbild und dem inneren Bild (dem «inneren Modell» Luquets) gibt es unzählige Zwischenwirkungen, weil sich beide unmittelbar von der Nachahmung ableiten[7].

Luquet hat in seinen berühmten Studien über die Kinderzeichnung[8] auch heute noch gültige Stadien und Interpretationen vorgeschlagen. Die Autoren vor ihm vertraten zwei gegensätzliche Meinungen. Die einen hielten die ersten Zeichnungen von Kindern für grundsätzlich realistisch, weil sie sich an tatsächliche Modelle hielten und erst ziemlich spät Phantasiezeichnungen hinzukämen. Die anderen betonten umgekehrt die Idealisierung, die in den frühesten Zeichnungen zum Ausdruck komme. Luquet scheint die Streitfrage endgültig gelöst zu haben, indem er zeigte, daß die Kinderzeichnung bis etwa zum 8. oder 9. Jahr in der Absicht grundsätzlich realistisch ist, daß aber das Kind mit dem Zeichnen dessen beginnt, was es von einer Person oder von einem Gegenstand *weiß*, bevor es bildlich zum Ausdruck bringt, was es davon *sieht*: eine grundlegende Bemerkung, auf die wir beim

---

7 Um genau zu sein: die früheste Form des Zeichnens scheint nicht nachahmend zu sein und ist noch ein reines Spiel, aber als Übung: das Kritzeln oder Schmieren, dem das Kind zwischen 2 und 2$^{1}/_{2}$ Jahren obliegt, sobald man ihm einen Bleistift gibt. Doch schon bald glaubt das Kind in seinem ziellosen Gekritzel Formen wiederzuerkennen, so daß es danach strebt, ein Modell aus der Erinnerung wiederzugeben, so wenig ähnlich sein zeichnerischer Ausdruck objektiv gesehen auch sein mag: von dieser Absicht her gesehen ist die Zeichnung Nachahmung und Bild.

8 G. Luquet, Le dessin enfantin.

inneren Bild zurückkommen werden, das ebenfalls Verbegrifflichung ist, bevor es zu guten Wahrnehmungskopien führt.

Der Realismus der Zeichnung durchläuft also verschiedene Phasen. Luquet nennt die Phase des Schmierens mit beiläufig entdeckter Bedeutung die des «zufälligen Realismus». Dann kommt der «mißglückte Realismus» oder die Phase der Unfähigkeit zur Synthese, in der die Elemente der Kopie nebeneinandergestellt und nicht zu einem Ganzen koordiniert werden: ein Hut weit über dem Kopf oder Knöpfe neben dem Körper. Das «Männlein», anfänglich eines der beliebtesten Modelle, geht übrigens durch ein hochinteressantes Stadium hindurch: das der «Kaulquappen-Männlein», wo nur ein Kopf mit fadenförmigen Anhängseln, den Beinen, oder mit Armen und Beinen, aber ohne Rumpf dargestellt wird.

Daran schließt die wesentliche Periode des «intellektuellen Realismus» an, wo die Zeichnung die ursprünglichen Schwierigkeiten überwunden hat, aber grundsätzlich die begrifflichen Attribute des Modells wiedergibt, ohne sich um den Sehwinkel zu kümmern. Dabei erhält etwa ein Gesicht, das im Profil gezeichnet wird, ein zweites Auge, weil ein Mensch zwei Augen hat, oder ein Reiter bekommt zusätzlich zum sichtbaren Bein noch ein zweites, das man durch das Pferd hindurch sieht. Man sieht sogar Kartoffeln im Boden drin, wenn sie noch nicht geerntet sind, oder im Magen eines Mannes usw.[9].

Ungefähr mit 8 bis 9 Jahren folgt auf diesen «intellektuellen Realismus» ein «visueller Realismus», der zweierlei Neues aufweist. Einerseits stellt die Zeichnung nur noch das dar, was aus einem bestimmten Sehwinkel tatsächlich sichtbar ist: ein Profil enthält nur noch das, was

---

9 Zu dieser «Transparenz» kommen Vermischungen von Sehwinkeln oder Pseudo-Umlegungen: Luquet erwähnt als Beispiel eine Wagenzeichnung, wo das Pferd von der Seite, das Innere des Wagens von oben gezeichnet ist und die Räder in die waagrechte Ebene umgelegt sind. Außerdem muß das interessante Vorgehen bei der Ausmalung von Erzählungen erwähnt werden. Während ein Erwachsener nur einen Ausschnitt von gleichzeitigen Ereignissen in einer Zeichnung festhält, ohne chronologisch aufeinanderfolgende Handlungen hineinzubringen, benützt das Kind, wie einige naive und frühe Maler, nur eine Zeichnung, um einen chronologischen Ablauf darzustellen: man sieht zum Beispiel einen Berg mit fünf oder sechs «Männlein», die nur eine Person in fünf oder sechs aufeinanderfolgenden Stellungen bezeichnen.

ein Profil zeigt, die verborgenen Teile eines Gegenstandes werden nicht mehr durch den Schirm hindurch gezeichnet (man sieht nur noch die Krone des Baumes hinter einem Haus und nicht mehr den ganzen Baum), und die Gegenstände im Hintergrund werden immer kleiner (verjüngter Maßstab). Andererseits berücksichtigt die Zeichnung die Anordnung der Gegenstände nach einem Gesamtplan (Koordinatenachsen) und ihre Größenverhältnisse.

Diese Stadien Luquets sind in doppelter Hinsicht interessant. Sie bilden zunächst eine Einführung in das Studium des inneren Bildes, das, wie wir noch sehen werden (im Abschnitt IV), ebenfalls Gesetzen gehorcht, die denen der Begriffsbildung näher stehen als denen der Wahrnehmung. Sie zeigen aber vor allem eine bemerkenswerte Konvergenz mit der Entwicklung der spontanen Geometrie des Kindes, die wir seither[10] zu studieren versucht haben.

Die ersten räumlichen Bilder des Kindes sind nämlich topologisch, bevor sie projektiv werden oder mit der euklidischen Metrik übereinstimmen. Es gibt zum Beispiel eine Entwicklungsstufe, wo die Quadrate, Rechtecke, Kreise, Ellipsen usw. einheitlich durch ein und dieselbe geschlossene Kurve, ohne Seiten oder Winkel, dargestellt werden (die Zeichnung eines Quadrates wird erst nach dem 4. Lebensjahr einigermaßen richtig), während Kreuze, Kreissegmente usw. als offene Figuren wiedergegeben werden. Um 3 Jahre herum, zwischen dem Kritzeln und dem «mißglückten Realismus», haben wir von Kindern, die nicht imstande waren, ein Quadrat abzuzeichnen, sehr genaue Skizzen von geschlossenen Figuren mit einem kleinen Kreis innerhalb, außerhalb oder sogar auf (er sei «zwischen draußen», sagte eines der Kinder) den Seitenlinien erhalten.

Der «intellektuelle Realismus» der Kinderzeichnung weiß noch nichts von der Perspektive und den metrischen Zusammenhängen, aber er berücksichtigt die topologischen Beziehungen: Nachbarschaften, Trennungen, Eingrenzungen, Abschlüsse usw. Aus diesen topologischen Bildern gehen von 7 bis 8 Jahren an projektive Bilder hervor, und gleichzeitig entwickelt sich eine euklidische Metrik, mit anderen Worten: die beiden Grundmerkmale des «visuellen Realismus» werden sichtbar. Zur selben Zeit bildet sich (im Zusammenhang mit den

---

10 J. Piaget und B. Inhelder, La représentation de l'espace chez l'enfant.

Sehverhaltensweisen) die projektive oder punktförmige Gerade und eine elementare Perspektive aus: das Kind ist jetzt imstande, in der Zeichnung die Form eines Gegenstandes vorwegzunehmen, den man ihm zeigt, der aber so gezeichnet werden muß, wie er von einem Beobachter rechts von ihm oder ihm gegenüber gesehen würde. Von 9 bis 10 Jahren an wählt ein Kind unter mehreren Zeichnungen diejenige aus, die drei Berge oder drei Gebäude aus einem bestimmten Sehwinkel richtig wiedergibt. Gleichzeitig entwickeln sich die vektorielle Gerade (Erhaltung einer Richtung), die Vorstellungsgruppe der Ortsveränderungen, das Messen aus einer Synthese des Teilens und der Ordnung der Ortsveränderungen (siehe den Abschnitt II des vierten Kapitels), die Ähnlichkeiten und Proportionen und wird das Messen im Zwei- oder Dreidimensionalen mit Hilfe eines Bezugs- oder natürlichen Koordinatensystems abgeschlossen: von 9 bis 10 Jahren an (aber interessanterweise nie früher) wird die Hälfte der Kinder fähig, zum voraus den Wasserstand in einer bauchigen Flasche, die in verschiedenen Winkeln schräg gestellt wird, oder die senkrechte Linie des Mastes eines Schiffes, das auf dieses Wasser gestellt wird, zu zeigen (man zeichnet die Flaschen mit Strichen, und das Kind gibt die waagrechten und senkrechten Linien unter Zuhilfenahme von Bezugspunkten außerhalb der Figur an, und eben das bringt es vorher noch nicht fertig)[11].

---

[11] Man ersieht daraus, daß die Entwicklung der Zeichnung der ganzen Strukturierung des Raums gemäß den verschiedenen Stadien dieser Entwicklung entspricht. Es ist deshalb nicht verwunderlich, daß die Kinderzeichnung als Test für die intellektuelle Entwicklung verwendet wurde: F. Goodenough, Prudhommeaux und A. Rey haben in dieser Hinsicht nützliche Arbeiten geliefert, mit standardisierten Bewertungsmaßstäben, die sich insbesondere auf die Stadien des «Männchens» stützten. Man hat die Zeichnung sogar als affektiven Indikator benützt, so vor allem der Psychoanalytiker Morgenstern bei Kindern mit selektiver Stummheit.

# IV. Die inneren Bilder[12]

Die Assoziationspsychologie betrachtete das Bild als eine Fortführung der Wahrnehmung und als ein Element des Denkens, das nur darin bestanden hätte, die Empfindungen und Bilder untereinander zu verbinden. Wir haben schon (erstes Kapitel, Abschnitt I) gesehen, daß die «Assoziationen» in Wirklichkeit immer Assimilationen sind. Was die inneren Bilder betrifft, so gibt es mindestens zwei Gründe, um an ihrer unmittelbaren Abstammung von den Wahrnehmungen zu zweifeln. Vom neurologischen Standpunkt her gesehen löst der Gedanke an eine Bewegung dieselben elektrischen Wellen, in der Hirnrinde (Elektro-Enzephalogramm) wie im Muskel (Elektromyographie), wie die materielle Ausführung der Bewegung aus, so daß man sagen kann, daß der Gedanke daran einen Ansatz der Bewegung bewirkt. Unter einem genetischen Gesichtspunkt müßte das Bild, wenn es ohne weiteres die Wahrnehmung fortführte, schon von der Geburt an wirksam werden, aber während der senso-motorischen Periode läßt es sich überhaupt nicht feststellen, und es scheint erst zusammen mit der semiotischen Funktion aufzutreten[13].

[12] J. Piaget und B. Inhelder, L'image mentale chez l'enfant.
[13] Die Psychoanalytiker nehmen allerdings an, daß Kinder schon sehr früh fähig sind, sich die Verwirklichung der Wünsche vorzugaukeln; der Beweis dafür müßte noch geliefert werden. Vor kurzem konnte man hoffen, eine solche Kontrolle sei möglich, als es nämlich N. Kleitman und E. Aserinsky gelang, während des Schlafes Elektroretinogramme aufzunehmen, die Traumbildern zu entsprechen scheinen (schnelle Augenbewegungen, die sich von den üblichen langsamen Bewegungen unterscheiden). W. Dement konnte die Technik auf Neugeborene anwenden, aber er fand bei ihnen sehr viel mehr rasche Bewegungen als später, und man konnte feststellen, daß diese auch beim Opossum (einem südamerikanischen Beuteltier, also einer Art lebendem Fossil) zahlreicher sind als bei der Katze oder beim Menschen, was darauf hinzudeuten scheint, daß solche rasche Bewegungen andere Funktionen (Reinigung oder Desinfektion) haben, bevor sie den Grad von Koordinierung erreichen, der die visuelle Erregung ermöglicht. Dement schließt daraus, daß seine Forschungen mit E. A. Wolpert zusammen die psychoanalytische Interpretation des Traumes nicht bestätigen.

Es sieht also so aus, als würden die inneren Bilder verhältnismäßig spät auftreten und aus einer verinnerlichten Nachahmung hervorgehen, wobei ihre Analogie zu der Wahrnehmung nicht eine unmittelbare Abstammung beweist, aber bedeutet, daß diese Nachahmung eine aktive Kopie der Wahrnehmungsbilder, möglicherweise mit Ansätzen zu Rückwirkungen auf die Sinne, zu liefern versucht.

Was die Frage der Beziehungen zwischen dem Bild und dem Denken betrifft, so haben sowohl Binet als auch die deutschen Psychologen der Würzburger Schule (von Marbe und Külpe bis Bühler) gezeigt, daß es, wie sie es nannten, ein Denken ohne Bilder gibt: man kann sich einen Gegenstand vorstellen, aber die Entscheidung, ob er existiert oder nicht, wird selbst nicht bildlich vorgestellt. Das heißt mit anderen Worten, daß Entscheidungen und Operationen dem Bild fremd sind, was aber nicht ausschließt, daß dieses hier zwar nicht als Element des Denkens, aber als zusätzliches symbolisches Hilfsmittel der Sprache eine Rolle spielt. Die Sprache bezieht sich nämlich immer nur auf Begriffe oder auf als bestimmte Klassen verbegrifflichte Gegenstände («mein Vater» usw.), und beim Erwachsenen wie beim Kind bleibt das Bedürfnis nach einem Zeichensystem, das sich nicht auf Begriffe, sondern auf Gegenstände als solche und auf die ganze vergangene Wahrnehmungserfahrung erstreckt: dem Bild ist diese Rolle zugedacht, und seine Beschaffenheit als Symbol (im Gegensatz zum «Zeichen») ermöglicht es ihm, eine mehr oder weniger adäquate, wenn auch gleichzeitig schematisierte, Ähnlichkeit mit den symbolisierten Gegenständen zu erlangen.

Die Aufgabe, welche das Bild der Psychologie des Kindes stellt, besteht darin, in der Entwicklung die Beziehungen zwischen der bildhaften Symbolik und den präoperativen oder operativen Mechanismen des Denkens zu verfolgen[14].

---

[14] Dieses Problem weist viele Ähnlichkeiten mit dem der Beziehungen zwischen der Wahrnehmung und der Intelligenz (zweites Kapitel, Abschnitt IV) auf, denn die Wahrnehmung, die Nachahmung und das Bild sind die figurativen Aspekte der kognitiven Funktionen im Gegensatz zu den operativen Aspekten (Handlungen und Operationen). In beiden Fällen muß zuerst festgestellt werden, ob das figurative

## 2. Zwei Typen von Bildern

Die Analyse der Entwicklung der inneren Bilder zwischen dem 4. bis 5. und 10. bis 12. Lebensjahr, mit der wir uns seit mehreren Jahren befassen, scheint auf einen ziemlich klaren Unterschied zwischen den Bildern der präoperativen Stufe (bis gegen 7 oder 8 Jahre, aber mit zahlreichen Nachwirkungen) und denen der operativen Stufen hinzudeuten, die offenbar stark von den Operationen beeinflußt werden.

Man muß zunächst zwei große Kategorien von inneren Bildern auseinanderhalten: die *reproduktiven Bilder,* die sich darauf beschränken, bereits bekannte und früher wahrgenommene Anblicke in Erinnerung zu rufen, und die *antizipierenden Bilder,* die ebenfalls Bewegungen und Veränderungen wie auch deren Ergebnisse verbildlichen, aber ohne zuvor bei ihrer Verwirklichung dabei gewesen zu sein (so wie man sich die Transformationen einer geometrischen Figur vorstellen kann, ohne daß man sie schon in einer Zeichnung konkretisiert hat). Die reproduktiven Bilder können sich im Prinzip auf statische Gebilde, auf Bewegungen (Lageveränderungen) und auf Transformationen (Formveränderungen) beziehen, denn diese drei Wirklichkeitsarten bieten sich der Wahrnehmungserfahrung des Menschen ständig an. Würde nun das Bild allein aus der Wahrnehmung hervorgehen, so müßte man in jedem Alter, entsprechend der Zahl der geläufigen Wirklichkeitsmodelle, reproduktive Bilder finden, die zu einer dieser drei Unterkategorien gehören: Statik, Kinetik, Transformation.

Eine der wichtigsten Erkenntnisse aus den gesammelten Tatsachen besagt nun aber, daß die inneren Bilder des Kindes auf der präoperativen Stufe fast ausschließlich statisch sind, und daß das Kind Mühe hat, Bewegungen oder Umwandlungen und deren Ergebnisse zu reproduzieren. Erst auf der Stufe der konkreten Operationen (nach 7 bis 8 Jahren) gelingen den Kindern diese Reproduktionen von Bewe-

Element (das Bild oder die Wahrnehmung) bestimmte operative Strukturen (Begriffe usw. vorprägt und wie: Ableitung oder Analogie im Aufbau? Dann muß man bestimmen, ob sich die figurativen Elemente (Bilder als Wahrnehmungen) unabhängig, durch bloße innere Entfaltung, entwickeln oder ob Beiträge äußerer Faktoren, etwa der operativen Faktoren, erforderlich sind.

gungen und Umwandlungen, gleichzeitig erwerben sie auch die antizipierenden Bilder der entsprechenden Kategorien. Das scheint folglich zu beweisen: 1. daß die bildhafte Wiedergabe von Bewegungen oder Transformationen, selbst bekannter, auch eine Antizipierung oder Reantizipierung voraussetzt, und 2. daß jedes (reproduzierende wie antizipierende) Bewegungs- oder Transformationsbild sich auf die Operationen stützt, die es ermöglichen, diese Prozesse gleichzeitig mit der bildhaften Vorstellung zu begreifen.

### 3. Die Kopien-Bilder

Um ein wenig Klarheit in diese komplexe Situation zu bringen, wollen wir mit der Untersuchung dessen beginnen, was man die Kopien-Bilder nennen kann, bei denen das Modell vor den Augen des Kindes bleibt oder noch vor einem Augenblick sichtbar war, ohne daß nach Tagen oder Wochen wieder daran erinnert wird wie bei den Versuchen mit den Längsverschiebungen oder Drehungen von Modellen (die in der Erfahrung des Kindes gegenwärtig sind, aber im Zeitpunkt der Befragung nicht noch einmal vorgezeigt werden)[15].

Ein Versuch, den wir zusammen mit B. Matalon durchgeführt haben, bestand zum Beispiel darin, daß man einen waagrechten Stab von 20 cm Länge auf ein Blatt Papier legte und vom Kind verlangte, daß es ihn dreimal unmittelbar rechts davon abzeichne, und zwar 1. nachdem es sich vorgestellt habe, er drehe sich um 180 Grad, um in diese Stellung zu kommen, 2. nachdem es sich vorgestellt habe, man stoße ihn einfach (Längsverschiebung) in diese Stellung und 3. als einfache zeichnerische Kopie, ohne Anspielung auf irgendeine Bewegung und ebenfalls in der gleichen Stellung (die Reihenfolge wird natürlich variiert: 1, 2, 3 – 3, 2, 1 usw.).

Man stellt zunächst eine Tatsache fest, die sich als sehr allgemein erwiesen hat: die zeichnerische Kopie (3) ist bei Fünfjährigen durchschnittlich etwa 13,5 % kürzer (also 17,3 cm lang) als das Modell,

---

[15] Das Kopie-Bild besteht also aus einer einfachen materiellen (zeichnerischen oder gestischen) Nachahmung im Gegensatz zum inneren Bild, das eine verinnerlichte Nachahmung ist.

und diese systematische Unterschätzung nimmt dann mit zunehmendem Alter ab (10,5 % mit 7 Jahren usw.), bis sie beim Erwachsenen verschwindet. Dasselbe Phänomen zeigt sich, wenn man von den Kindern einen bloßen Fingerstrich auf dem Tisch (ohne Zeichnung) verlangt, aber es bleibt aus, wenn man das Kind ersucht, die Länge in der Luft, als Abstand zwischen den beiden ausgestreckten Zeigefingern, zu zeigen. Eine solche Unterschätzung, die auch bei allen anderen Experimenten gefunden wurde, läßt, so scheint es, nur eine Erklärung zu: da die Kinder gewöhnt sind, Längen auf ordinale und nicht auf metrische Weise, das heißt durch die Reihenfolge der Punkte und nicht durch den Zwischenraum zwischen den Endpunkten (außer im Falle der ausgestreckten Zeigefinger) abzuschätzen, achten sie sorgfältig darauf, das Ende des Modells nicht zu überschreiten; dabei ist es unwichtig, ob die Kopie kürzer ist (sie hat dennoch im Modell Platz), wichtig ist nur, daß sie nicht zu lang gerät.

Die Zeichnungen zu den Fragen 1 und 2 sind stärker verkürzt (bei Fünfjährigen um 20,5% bei der Drehung und um 19% bei der Längsverschiebung): Die zeichnerische Nachahmung der Modellänge ist somit noch stärker behindert, obwohl das Modell vor den Augen des Kindes bleibt und die Kopie an gleicher Stelle wie bei Frage 3 gezeichnet wird. Man ersieht daraus ohne weiteres, wie komplex ein einfacher Bleistiftstrich ist; die Absicht, die Modellänge nachzuahmen, erfordert einen ganzen Ausführungsplan, dessen Gesetze der Begriffsbildung näher stehen als der einfachen Wahrnehmung[16].

16 Um die gestischen Kopien zu untersuchen – wir stützten uns diesmal auf kinetische Modelle (denn das kinetische Kopie-Bild ist natürlich weniger problematisch als die aufgeschobene Erinnerung an eine Bewegung durch innere Bilder im eigentlichen Sinne des Wortes) – haben wir zusammen mit A. Etienne von drei- bis sechsjährigen Kindern verlangt, verschiedene sehr einfache Modelle wiederzugeben. Zwei Klötze werden derart bewegt, daß sie Bewegungen des Stoßens oder Gezogenwerdens, eines symmetrischen Hin und Her, des Kreuzens usw. (cf. die Figuren Michottes, die im Abschnitt I des zweiten Kapitels erwähnt wurden) beschreiben, und die Prüflinge werden aufgefordert, die Bewegungen ebenfalls mit Klötzen wiederzugeben, und zwar während diese langsam ausgeführt werden oder unmittelbar danach. Einerseits beobachtet man viele Kopier-Irrtümer, die auf das Überwiegen der «guten motorischen Formen» (symmetrische Bewegungen) über die beliebigen Formen zurückzuführen sind. Andererseits stellt man bis zu fünf Jahren vor allem einen Unterschied

# 4. Bewegungs-und Transformationsbilder

Gehen wir zu den im engeren Sinne inneren Bildern über. Zuerst sei daran erinnert, wie schwierig es ist, sie experimentell zu erfassen, weil sie innerlich sind. Man verfügt nur über indirekte Mittel, deren gleichartige Ergebnisse aber doch eine gewisse Gewähr bieten: Zeichnungen des Kindes, Wahl des Kindes unter zum voraus verfertigten Zeichnungen, gestische Hinweise und verbale Kommentare (die zwar heikel, aber bei den vorher erwähnten drei Techniken möglich sind).

Das einfachste reproduktive Bewegungsbild schien uns, zusammen mit F. Frank und T. Bang, ein Quadrat über einem zweiten Quadrat (wobei die obere Seite dieses zweiten Quadrates neben der unteren Seite des ersten Quadrates lag) zu sein, bei dem eine kleine Verschiebung zu antizipieren war. Man versicherte sich zunächst, ob das Kind die Vorlage genau zu kopieren vermochte (was von $5^1/_2$ Jahren an der Fall ist): also ein Quadrat, das zum Teil über einem anderen Quadrat lag und zum Teil über dieses Quadrat hinausragte. So merkwürdig das auch erscheinen mag, das Zeichnen einer bildhaften Vorstellung und nicht bloß die Kopierung gelingt im Durchschnitt erst mit 7 Jahren und später. Die Kinder beschränken sich nämlich darauf, das Quadrat in seiner Ausgangsstellung oder neben dem anderen Quadrat zu zeichnen. Wenn es ihnen gelingt, eine kleine Verschiebung vorzunehmen, so verkleinern sie das obere (bewegliche) Quadrat oder verlängern das untere, so daß das verschobene Quadrat die Grenze des anderen nicht überschreitet[17].

(der mit drei Jahren sehr auffällig ist, aber dann abnimmt) zwischen den gleichzeitigen und den unmittelbar anschließenden Wiedergaben fest: erst mit sechs Jahren erreichen die letzteren den Wert der ersteren, was ein erster und sehr bezeichnender Hinweis auf den Grad der Schwierigkeit kinetischer Bilder ist.

[17] Werden die Quadrate so vorgelegt, daß das eine das andere vollständig bedeckt (ein Versuch, den wir zusammen mit F. Frank und J. Bliss durchgeführt haben: man verwendet in diesem Fall durchsichtige Quadrate, das eine mit einem roten, das andere mit einem schwarzen Rand), so zeichnet diesmal das Kind, sobald man es auffordert, eine fortschreitende Ortsveränderung zu antizipieren, gerne ein rotes Quadrat, das über das schwarze hinausragt, aber es weigert sich umgekehrt, jene parallele Seite des roten zu zeichnen, die man mitten im schwarzen durchscheinen sieht. Diese Reaktion ist um so seltsamer, als das Kind in seinen spontanen Zeichnungen oft

Zieht man die Alltäglichkeit der Vorlagen in Betracht, die eine genaue Vorstellung erwarten ließen, so mußten auch die reproduktiven Bilder überraschen von der Drehung eines Stabes um 90 Grad (zum Beispiel des Zeigers einer Uhr oder eines stehenden Stockes, der zu Boden fällt) oder vom Überschlag eines Rohrs, das eine Drehung um 180 Grad beschreibt. Beim ersten Beispiel wird der Stab am Ende mit einem Nagel fixiert, so daß er eine regelmäßige Bewegung um diesen Angelpunkt ausführt: doch die Kinder berücksichtigen diese Tatsache in keiner Weise, obwohl man sie klar darauf hingewiesen hat, und zeichnen Linien im rechten Winkel (als ob der Stab sich längs seiner Anfangs- und Endlage oder in Richtung der gegenüberliegenden Seite im Quadrat verschieben würde) oder solche, die sich in beliebigen Winkeln gegenseitig überkreuzen. Der andere Gegenstand, das Rohr, wird an den beiden Enden rot und blau angemalt. Es wird über den Rand einer Schachtel hinausgeschoben und durch einen Druck mit dem Finger auf den hinausragenden Teil dazu gebracht, sich im Fallen zu überschlagen, worauf es einige Zentimeter weiter weg verkehrt auf dem Tisch liegen bleibt: die Kinder, die die Umkehrung der angemalten Enden recht gut voraussehen (ungefähr $50\%$ der Fünfjährigen und die Achtjährigen zu $100\%$) bringen es erst sehr spät fertig, zwei oder drei Zwischenstellungen des Rohrs zu zeichnen ($42\%$ Erfolge mit 7 Jahren und $60\%$ mit 8 Jahren), und, eine bemerkenswerte Tatsache, es gelingt ihnen auch kaum besser, die Überschlagsbewegung verlangsamt nachzuahmen, wenn sie das Rohr in der Hand halten ($45\%$ der Siebenjährigen und $70\%$ der Achtjähri-

«Transparenzen», wie Luquet sie nennt, wiedergibt, aber gewissermaßen unberechtigte wie etwa das zweite Bein eines Reiters, das man durch ein von der Seite gezeichnetes Pferd hindurch sieht. Im besonderen Fall der tatsächlich transparenten Quadrate hängt die Weigerung, die rote Seite zu zeichnen, die das schwarze Quadrat schneidet, erneut mit einem Problem der Grenze zusammen, aber diesmal wegen des Durchschneidens: das Kind hat den Eindruck, wenn man das schwarze Quadrat durch eine rote Linie des anderen Quadrats entzweischneide, verändere man das Bild des schwarzen Quadrates, dessen Fläche aber intakt bleiben muß. Wie bei der Weigerung, die Grenze zu überschreiten, handelt es sich um eine dem Bild eigene Art von «Pseudo-Erhaltung», die um so merkwürdiger ist, als sie auf Kosten der Erhaltung der Fläche (übereinandergelegte Quadrate) oder der Erhaltung einer Seite (sich überdeckende Quadrate: rote Seite) geschieht.

gen laut den von E. Schmid-Kitsikis gesammelten Ergebnissen). Man ersieht daraus, daß sogar allerbanalste Bewegungen (welches Kind hat nicht schon selbst Überschläge gemacht) vor der Stufe der konkreten Operationen (7 bis 8 Jahre) und noch einige Zeit danach nur recht ärmliche reproduktive Bewegungsbilder zu Folge haben.

Als ein Beispiel für ein Transformationsbild kann man einen Versuch erwähnen, den wir zusammen mit F. Frank durchgeführt haben, nämlich das Ausstrecken eines Bogens (aus biegsamem Eisendraht) zu einer Geraden oder umgekehrt das Verbiegen einer Geraden zu einem Bogen. Auch hier wieder dieselbe Schwierigkeit, sich die Zwischenzustände vorzustellen. Die Ergebnisse der Umwandlung machen bei Kindern (bis etwa 7 Jahre) einen bemerkenswerten Grenzeffekt sichtbar: die Gerade, die durch das Ausstrecken des Bogens zustande kommt, wird von 34% der Fünfjährigen unterschätzt (wobei die allgemeine Unterschätzung der Kopien von Strecken und Bögen berücksichtigt ist), weil es für das Kind wichtig ist, daß die Endpunkte der Geraden nicht über die Endpunkte des Bogens hinausragen; und der Bogen, der durch die Verbiegung der Geraden entsteht, wird von 29% der Fünfjährigen überschätzt; sie nehmen an, daß die Endpunkte des Bogens gleich weit auseinanderliegen wie die Endpunkte der Geraden.

Es ist, wie man sieht, nicht übertrieben, von einer Statik der präoperativen Bilder zu sprechen, da die Bewegungs- und Transformationsbilder erst nach dem 7. bis 8. Lebensjahr möglich werden, und das nur dank Antizipationen oder Reantizipationen, die sich selbst zweifellos auf das operative Verständnis stützen.


## 5. Bilder und Operationen

Beginnen wir also mit der direkten Analyse der Beziehungen zwischen der bildhaften Vorstellung und der Operation, und begnügen wir uns mit zwei Beispielen; sie konvergieren alle. Die Technik besteht darin, daß man die gleichen Versuche wie bei der operativen Erhaltung (siehe viertes Kapitel, Abschnitt II) vorführt, aber man befragt das Kind nicht nach den Umwandlungen, die es materiell festgestellt hat, sondern fordert es zunächst auf, das zu antizipieren, was geschehen wird, wobei es sich die Phasen und die Ergebnisse der Transformationen vorstellen muß.

Beim Versuch über die Erhaltung der Flüssigkeiten, bei dem man über ein Ausgangsglas $A$, ein dünneres Glas $B$ und ein breiteres Glas $C$ verfügt, verlangt man etwa, daß das Ergebnis des Umgießens von $A$ in $B$ und in $C$ vorausgesehen wird, bevor man es durchführt, und vor allem daß der Stand angegeben wird, den das Wasser erreichen wird. Bei der Reaktion der präoperativen Kinder sind zwei interessante Ergebnisse festzuhalten (die S. Taponier erzielt hat). Die meisten erwarten eine Art allgemeine Erhaltung, die in Wirklichkeit eine «Pseudoerhaltung» wäre: dieselbe Menge zu trinken, aber auch gleicher Wasserstand in $A$, $B$, und $C$; wenn die Kinder dann sehen, daß das Wasser in $B$ höher und in $C$ weniger hoch als in $A$ steigt, beginnen sie die Erhaltung der Menge überhaupt zu bestreiten. Eine kleinere Gruppe Kinder hingegen sieht richtig voraus, daß das Wasser in $B$ höher und in $C$ weniger hoch als in $A$ steigen wird, aber sie schließt daraus, daß die Flüssigkeitsmenge nicht erhalten bleiben wird. Fordert man sie dann auf, dieselbe Trinkmenge in $A$ und in $B$ einzugießen, so halten sie in beiden Gläsern die gleiche Wasserhöhe ein. Man sieht an den Kindern dieser zweiten Gruppe, daß zwar das reproduktive Bild der Wasserstände, offensichtlich aufgrund irgendeiner früheren Erfahrung, richtig ist, daß das aber nicht genügt, um die Operation und die Erhaltung vorzubereiten, weil die Kompensation nicht begriffen wird: das Kind kann zwar sagen, daß das Wasser in $B$ höher steigt, «weil das Glas dünner ist», es gelingt ihm dennoch nicht daraus zu schließen «höher $\times$ dünner $=$ gleiche Menge», und es betrachtet die Dünne von $B$ nur als eine empirische Tatsache, die es ermöglicht, den höheren Wasserstand vorauszusehen (aber nicht zu verstehen).

Ein anderer Versuch erbringt parallele Ergebnisse. Wenn ein 5- bis 6jähriges Kind 12 rote Scheiben neben 12 blaue gelegt hat, um sich davon zu überzeugen, daß es von beiden gleich viele gibt, muß man nur die blauen oder die roten weiter auseinanderschieben, damit es daraus schließt, die längere Reihe enthalte mehr Scheiben. Man kann sich nun fragen, ob diese Nichterhaltung auf eine Schwierigkeit, sich die kleinen Ortsveränderungen und die Rückkehr der verschobenen Scheiben an ihren früheren Platz vorzustellen, zurückzuführen sei. Wir haben deshalb einen Apparat mit Gängen in Form eines Fächers konstruiert, so daß jede blaue Scheibe der oberen gedrängten Reihe durch einen Gang mit einer Scheibe in der unteren lockeren Reihe verbunden ist, und zwar so, daß jede untere Scheibe durch den entsprechenden Gang zu ihrem oberen Gegenstück gelangen kann. Diese Veränderung hat nicht den geringsten Einfluß auf die Vorstellungen des Kindes: es kann sich die Verbindungen genau vorstellen, aber es kommt, wenn es sich eher seitwärts als in die Verlängerung stellt, dennoch zum Schluß, daß die Scheiben zahlreicher werden, falls die Reihe verlängert wird, und umgekehrt. Nachdem S. Taponier diese Effekte untersucht hatte, entwickelte M. Abourdaram einen Mechanismus, um die 12 Scheiben der mobilen Reihe gleichzeitig hinauf- oder hinunterzustoßen: Die Reaktionen blieben dieselben.

Aus diesen und vielen anderen Tatsachen kann man folglich schließen, daß die inneren Bilder nur ein System von Symbolen bilden, die die präoperative und später operative Verständnisstufe der Kinder mehr oder weniger genau, aber im allgemeinen mit Verspätung wiedergeben. Das Bild genügt also nicht, um die operativen Strukturierungen zu erzeugen: es kann, falls es genügend adäquat ist (vgl. die Vorstellung der Wasserstände bei der oben erwähnten zweiten Gruppe von Prüflingen), höchstens dazu dienen, das Erkennen der Zustände, die die Operation dann durch reversible Transformationen verbinden wird, zu verbessern. Doch das Bild an sich bleibt statisch und diskontinuierlich (vgl. das «kinematographische Vorgehen», das Bergson der Intelligenz selbst zuschrieb, wobei er die Operation übersah und nur die bildhafte Vorstellung kennzeichnete). Wenn das Bild mit 7 bis 8 Jahren antizipierend wird und sich dann besser dazu eignet, den Operationen als Stütze zu dienen, so resultiert dieser Fortschritt nicht aus einer inneren und selbständigen Modifizierung der Bilder, sondern aus der Einwirkung äußerer Faktoren, die auf die Ausbildung der Operationen zurückzuführen sind. Diese leiten sich freilich aus dem Tun selbst und nicht aus der bildhaften Symbolik ab, ebensowenig aus dem System der verbalen Zeichen oder der Sprache, von der jetzt die Rede sein soll.

# v. Das Gedächtnis und die Struktur
## der Bild-Erinnerungen

Man hat das Gedächtnis des Kindes zu wenig untersucht und sich zu sehr mit dem Messen von Leistungen (performances) befaßt. Claparède zum Beispiel hat Kindern 15 Wörter vorgelesen und nach einer Minute festgestellt, was davon übriggeblieben war. Er kam so auf eine fortschreitende Verbesserung mit zunehmendem Alter bis auf 8 Wörter im Durchschnitt beim Erwachsenen.

Doch das Hauptproblem bei der Entwicklung des Gedächtnisses ist das seiner fortschreitenden Organisation. Bekanntlich gibt es zwei Gedächtnistypen: das *Wiedererkennen*, das nur bei einem bekannten Gegenstand spielt und darin besteht, diesen als solchen wiederzuerkennen, und das *Evokations*gedächtnis, das darin besteht, diesen Gegenstand in seiner Abwesenheit durch eine Bild-Erinnerung zu evozieren. Das Wiedererkennungs-Gedächtnis tritt sehr früh auf (es ist schon bei niederen Wirbellosen vorhanden) und ist notwendig mit Aktions- oder Gewohnheitsschemata verbunden. Beim Säugling sind seine Ursprünge in den Schemata der elementaren senso-motorischen Assimilation zu suchen: die Brustwarze erkennen (und sie von der umgebenden Haut unterscheiden), wenn sie beim Saugen verloren ging, den mit den Augen verfolgten Gegenstand wiedererkennen, wenn er einen Augenblick lang aus dem Sehfeld verschwand usw. Das Evokations-Gedächtnis hingegen erscheint erst mit dem inneren Bild, der Sprache (Janet verbindet es mit dem «Erzählungs-Verhalten») usw. und wirft eine wichtige Frage auf: seine Unabhängigkeit oder Abhängigkeit von der allgemeinen Schematik des Tuns und der Operationen[18].

[18] Bergson sah einen radikalen Gegensatz zwischen Bild-Erinnerung und Bewegungs-Erinnerung des Gewohnheits-Gedächtnisses (das im übrigen an das Wiedererkennen gebunden ist, denn jede Gewohnheit setzt das Wiedererkennen von Anzeichen voraus). Doch es handelt sich dabei um philosophische Introspektion, und wenn man die Bild-Erinnerung und ihre Entwicklung untersucht, sieht man, daß sie an das Tun gebunden ist. Wir haben zum Beispiel mit F. Frank und J. Bliss die Erinnerung (nach einigen Tagen) an eine Würfelzusammenstellung studiert, je nachdem ob das Kind

Nach dieser Feststellung ist das Problem des Gedächtnisses zunächst ein Problem der Abgrenzung. Nicht jede Erhaltung der Vergangenheit ist Gedächtnis, denn ein Schema (vom senso-motorischen Schema bis zu den operativen Schemata: Klassifizierung, Aneinanderreihung usw.) bleibt auch unabhängig vom Gedächtnis durch sein Funktionieren erhalten, oder, wenn man es so vorzieht, das Gedächtnis eines Schemas ist dieses Schema selbst. Man darf deshalb annehmen, daß das, was man üblicherweise Gedächtnis nennt, falls man von allen Überbleibseln der Psychologie der Fähigkeiten absieht, nichts anderes ist als der bildhafte Aspekt der Schematasysteme in ihrer Totalität, von den elementaren senso-motorischen Schemata (wo der bildhafte Aspekt das perzeptive Wiedererkennen ist) bis zu den höheren Schemata, deren bildhafter Aspekt erinnerungsmäßiger Ordnung die Bild-Erinnerung wäre.

Aus dieser Betrachtungsweise heraus haben wir eine Reihe von Forschungsarbeiten begonnen, die weit davon entfernt sind, abgeschlossen zu sein, aber doch schon einige instruktive Ergebnisse gezeitigt haben. Man hat zum Beispiel (H. Sinclair) zehn Stäbchen vorgelegt, die nach ihren Unterschieden aneinandergereiht waren, und vom Kind nach einer Woche verlangt, daß es sie durch eine Gebärde oder eine Zeichnung wiedergebe. Man arbeitete dabei mit zwei Gruppen von Kindern. Die eine hatte die Stäbchen nur angesehen, und die andere hatte sie mit Worten beschrieben. Schließlich hat man die operative Stufe des Prüflings in bezug auf die Aneinanderreihung bestimmt. Als erstes ergab sich aus dem Versuch, daß die Prüflinge mit signifikanter Regelmäßigkeit eine Zeichnung abgeben, die ihrem operativen Niveau (Paare, kleine unkoordinierte Reihen oder ǀǀǀ ǀǀǀ ǀǀǀ

sie bloß angesehen oder aktiv kopiert oder aber dem Erwachsenen beim Aufstellen zugesehen hatte (die Reihenfolge der Versuche wurde ebenfalls variiert). Das eigene Tun erbringt dabei bessere Ergebnisse als die Wahrnehmung, und das Erlernen in der Reihenfolge Tun → Wahrnehmung gelingt besser als in der Reihenfolge Wahrnehmung → Tun (mit zumindest einer Woche Zwischenraum). Die Wahrnehmung des Tuns des Erwachsenen ergibt kaum bessere Resultate als die bloße Wahrnehmung des Ergebnisses. Das Erinnerungsbild ist folglich ebenfalls an Aktionsschemata gebunden, und man findet zwischen Bewegungs-Erinnerung mit bloßem Wiedererkennen und der reinen Evokation in Bildern unabhängig vom Tun mindestens zehn Zwischenstufen.

usw.) und nicht der vorgelegten Anordnung entspricht. Mit anderen Worten, dieses Beispiel scheint zu zeigen, daß das Gedächtnis jenes Schema überwiegen läßt, das der Stufe des Kindes zugeordnet ist: die Bild-Erinnerung stützt sich dann auf dieses Schema und nicht auf das Wahrnehmungsmodell[19].

Das zweite instruktive Ergebnis dieses Experimentes war, daß dieselben Kinder, wenn man sie sechs Monate später noch einmal befragte, als zweite Zeichnung aus dem Gedächtnis (und ohne das Modell je wiedergesehen zu haben) eine Reihe lieferten, die in 80% der Fälle verglichen mit der ersten etwas besser war (Dreiergruppen anstatt Paare, kurze Reihen anstatt Dreiergruppen usw.). Mit anderen Worten, die intellektuellen Fortschritte des Schemas haben die Erinnerung mitgezogen.

Was die Erhaltung der Erinnerungen betrifft, werden sie bekanntlich von einigen Autoren (Freud, Bergson) im Unbewußten gestapelt, wo sie vergessen oder ins Bewußtsein zurückgerufen werden, während sie für andere (P. Janet) Rekonstruktionen sind, die auf eine Weise, wie sie ähnlich der Historiker praktiziert (Beschreibungen, Schlußfolgerungen usw.), zustande kommen. Die neuesten Experimente Penfields über die Wiederbelebung von Erinnerungen durch elektrische

[19] Eine andere Untersuchung (zusammen mit J. Bliss) bezog sich auf die Transitivität der Gleichheiten. Ein langes und dünnes Glas $A$ enthält dieselbe Menge wie $B$ (übliche Form), und $B$ dieselbe Menge wie $C$ (niederes und breites Glas), was sich durch Umgießen von $A$ in $B'$ ($= B$) mit Zurückgießen in $A$ und von $C$ in $B''$ ($= B' = B$) und Zurückgießen in $C$ nachweisen läßt. Man untersucht, was von diesen Ereignissen nach einer Stunde und nach einer Woche übrigbleibt. Auch hier behält das Kind das, was es begriffen hat, und nicht das, was es gesehen hat, und das ist gar nicht so natürlich, wie man meinen könnte. Die Kinder einer ersten Stufe insbesondere zeichnen zum Beispiel das Umgießen von $B$ in $C$ und umgekehrt so, als wären die beiden Bewegungen gleichzeitig: «Aber man hat doch das eine vor dem anderen gemacht?» – «Nein, gleichzeitig.» – «Aber dann vermischt es sich doch?» $A$ geht in $B'$ und gleichzeitig zurück usw., das Ganze ohne irgendeine transitive Beziehung. Daß das Kind etwas nicht begriffen hat und Beziehungen, die es nicht begriffen hat, folglich nicht im Gedächtnis behalten kann, das alles versteht sich von selbst: Aber es hätte die Abfolge der wahrgenommenen Ereignisse behalten können – doch es schematisiert sie im Gegenteil in Form intellektueller und nicht erlebter Schemata! Die anschließenden Stufen stehen ebenfalls in enger Beziehung zur operativen Stufe der Kinder.

Reizung der Schläfenlappen scheinen zugunsten einer gewissen Erhaltung zu sprechen, doch viele Beobachtungen (und das Vorhandensein falscher, aber lebendiger Erinnerungen) zeigen auch die Rolle der Rekonstruktion. Die Beziehung der Erinnerung zu den Aktionsschemata – die durch die dargestellten Tatsachen nahegelegt wird und zur Schematisierung der Erinnerungen als solche, wie sie F. Bartlett[20] untersucht hat, hinzukommt – macht diesen Ausgleich möglich, denn sie zeigt die Bedeutung der motorischen oder operativen Elemente auf allen Stufen des Gedächtnisses. Wie andererseits das Bild, das in der Bild-Erinnerung mitwirkt, eine verinnerlichte Nachahmung zu sein scheint, was ebenfalls ein motorisches Element enthält, fügt sich die Erhaltung von besonderen Erinnerungen mühelos in einen solchen möglichen Interpretationsrahmen ein.

# VI. Die Sprache

Beim normalen Kind tritt die Sprache ungefähr gleichzeitig mit den anderen Formen des semiotischen Denkens auf. Der Taubstumme hingegen erwirbt die artikulierte Sprache erst lange nach der aufgeschobenen Nachahmung, dem symbolischen Spiel und dem inneren Bild, was auf ihren abgeleiteten genetischen Charakter hinzuweisen scheint, denn ihre soziale oder erzieherische Weitergabe setzt zweifellos die vorherige Ausbildung dieser individuellen Formen von *Semiosis* voraus; umgekehrt ist diese Ausbildung, wie der Fall der Taubstummheit beweist, von der Sprache unabhängig[21]. Die Taubstummen arbeiten in ihrem eigenen kollektiven Leben eine Gebärdensprache aus, die von hohem Interesse ist, weil sie gleichzeitig sozial

[20] F. C. Bartlett, Remembering.
[21] Man findet andererseits beim Schimpansen einen Ansatz zu einer symbolischen Funktion, indem er zum Beispiel Marken zurückbehalten kann, die es ihm ermöglichen, aus einem Automaten Früchte herauszulassen (Experiment von J. B. Wolfe), oder sie als Geschenk weniger glücklichen Kameraden anbieten kann (Nyssen und Crawford).

und aus Zeichen nachahmerischer Art hervorgegangen ist, die in der aufgeschobenen Nachahmung, im symbolischen Spiel und im Bild, das dem symbolischen Spiel verhältnismäßig nahe steht, in einer individuellen Form mitwirken: diese Gebärdensprache mit adaptativ-wirksamen und nicht spielerischen Eigenschaften würde, falls sie allgemein verbreitet wäre, eine unabhängige und originale Form von semiotischer Funktion darstellen, doch für die normalen Individuen ist sie wegen der Weitergabe des kollektiven Systems der mit der artikulierten Sprache verbundenen verbalen Zeichen überflüssig geworden.

## *1. Entwicklung*

Die Entwicklung der Sprache beginnt nach einer Phase spontanen Lallens (die bei Kindern aller Kulturen vom 6. bis zum 10. und 11. Monat dauert) und einer Phase der Differenzierung von Phonemen durch Nachahmung (vom 11. bis 12. Monat an) mit einem Stadium am Ende der senso-motorischen Periode, das man oft als die Phase der «Satz-Wörter» (Stern) bezeichnet hat. Diese einzelnen Wörter können je nach Umständen Wünsche, Emotionen oder Feststellungen zum Ausdruck bringen (dabei wird das verbale Schema ein Werkzeug der Assimilation und Verallgemeinerung von den senso-motorischen Schemata aus).

Vom Ende des 2. Lebensjahres an werden Sätze mit zwei Wörtern festgestellt, dann folgen kurze vollständige Sätze ohne Konjugation und Deklination, und anschließend werden allmählich grammatikalische Strukturen erworben. Die Syntax der Kinder zwischen 2 und 4 Jahren war kürzlich Gegenstand einiger hochinteressanter Arbeiten von R. Brown, J. Berko u. a. in Harvard und S. Ervin und W. Miller in Berkeley[22]. Diese Forschungen, die von den Hypothesen N. Chomskys über die Ausbildung der grammatikalischen Regeln ausgingen, haben tatsächlich gezeigt, daß die Erwerbung der syntaktischen Regeln nicht auf eine passive Nachahmung zurückzuführen ist, sondern einen nicht zu vernachlässigenden Anteil von verallge-

[22] The acquisition of Language, ed. Bellugi and Brown.

meinernder Assimilation, was man schon mehr oder weniger wußte, und auch gewisse originale Konstruktionen enthält, die R. Brown an einigen Modellen nachgewiesen hat. Darüber hinaus hat er gezeigt, daß diese Reduktionen der Erwachsenensätze auf originale kindliche Modelle bestimmten funktionellen Erfordernissen gehorchten, etwa der Erhaltung eines *Minimums* an notwendiger Information und der Tendenz, dieses *Minimum* zu vergrößern.


## 2. *Sprache und Denken*

Nach diesen vielversprechenden Analysen über die Beziehungen zwischen der kindlichen Sprache, den Theorien des linguistischen Strukturalismus und der Informationstheorie stellt die Entwicklung dieser Sprache ein großes genetisches Problem: das ihrer Beziehungen zum Denken und insbesondere zu den logischen Operationen. Es handelt sich eigentlich um zwei verschiedene Probleme, denn während man sich darüber einig ist, daß die Sprache die Potenzen des Denkens im Umfang und in der Geschwindigkeit vervielfacht, ist die Frage der linguistischen oder nicht-linguistischen Natur der logisch-mathematischen Strukturen noch stark umstritten.

Vergleicht man nämlich die verbalen mit den senso-motorischen Verhaltensweisen, so beobachtet man drei wichtige Unterschiede zum Vorteil der ersteren. Während die letzteren gezwungen sind, den Ereignissen nachzufolgen, ohne die Geschwindigkeit der Aktion überschreiten zu können, sind die ersteren dank der Beschreibung und den Evokationen aller Art imstande, Beziehungen mit viel größerer Geschwindigkeit einzuführen. Während zweitens die senso-motorischen Anpassungen auf den nahen Raum und die nahe Zeit begrenzt sind, ermöglicht es die Sprache dem Denken, sich auf viel umfassendere raumzeitliche Zustände zu erstrecken und sich vom Unmittelbaren zu lösen. Dazu kommt drittens und als Folge der beiden genannten Unterschiede: während die senso-motorische Intelligenz durch aufeinanderfolgende Handlungen Schritt für Schritt vorgeht, gelangt das Denken vor allem dank der Sprache zu gleichzeitigen Gesamtvorstellungen.

Doch man muß sich vor Augen halten, daß diese Fortschritte des vorstellungsmäßigen Denkens im Vergleich zum System der senso-motorischen Schemata in Wirklichkeit auf die semiotische Funktion in ihrer Gesamtheit zurückzuführen sind: sie löst das Denken vom Tun und schafft so gewissermaßen die Vorstellung. Man muß aber zugeben, daß die Sprache in diesem Bildungsprozeß eine besonders wichtige Rolle spielt, denn sie ist im Gegensatz zu den anderen semiotischen Werkzeugen (Bilder usw.), die vom Individuum je nach den Bedürfnissen aufgebaut werden, sozial schon voll ausgearbeitet und enthält zum Vorteil der Individuen, die sie lernen, bevor sie selbst zu ihrer Bereicherung beitragen, ein System von kognitiven Werkzeugen (Beziehungen, Klassifizierungen usw.) im Dienste des Denkens.

## 3. Sprache und Logik

Heißt das nun – wie einige gefolgert haben –, daß die dem System der Sprache inhärente Logik nicht nur den wesentlichen oder sogar einzigen Faktor bilde bei der Erlernung der Logik durch das Kind oder einen beliebigen anderen Menschen (insofern er den Zwängen der linguistischen Gruppe und der Gesellschaft im allgemeinen unterworfen ist), sondern geradezu den Ursprung aller Logik in der gesamten Menschheit darstelle? Das ist mit Variationen die Meinung einer leider immer noch lebendigen Pädagogik der ehemaligen soziologischen Schule Durkheims und eines noch immer in vielen wissenschaftlichen Kreisen gültigen logischen Positivismus. Diesem zufolge ist tatsächlich die Logik der Logiker selbst nichts anderes als eine verallgemeinerte Syntax und Semantik (Carnap, Tarski usw.).
Es gibt nun zwei besonders wichtige Informationsquellen: den Vergleich der normalen Kinder einerseits mit den taubstummen, die nicht von der artikulierten Sprache profitiert haben, aber intakte senso-motorische Schemata besitzen, und andererseits mit den blinden, deren Situation gerade umgekehrt ist; und den systematischen Vergleich der Sprachfortschritte mit den Etappen in der Ausbildung der intellektuellen Operationen beim normalen Kind.

Die Logik der Taubstummen wurde in Paris von M. Vincent[23] und P. Oléron[24] u. a., die zum Teil bestimmte operative Versuche der Genfer Schule benutzten, und in Genf von F. Affolter untersucht. Das Ergebnis war, daß sich zwar beim Taubstummen ein gewisser mehr oder weniger systematischer Rückstand in der Logik beobachten läßt, daß man aber nicht von einem Fehlen im eigentlichen Sinne des Wortes sprechen kann, da man dieselben Entwicklungsstadien wie bei den Normalen feststellt, allerdings mit ein bis zwei Jahren Verspätung. Die Aneinanderreihung und die räumlichen Operationen sind normal (mit einer leichten Verzögerung der ersteren). Die Klassifizierungen zeigen ihre allgemeinen Strukturen und sind bloß bei Veränderungen der Kriterien etwas weniger beweglich als bei Kindern, die von den Anregungen des vielfältigen sprachlichen Austausches profitieren. Die Arithmetik wird verhältnismäßig leicht erlernt. Die Probleme der Erhaltung (Anzeichen der Reversibilität) werden erst mit ungefähr ein bis zwei Jahren Verspätung gelöst, ausgenommen die Erhaltung der Flüssigkeiten, die bei der Aufgabenstellung besondere technische Schwierigkeiten verursacht (weil man verständlich machen muß, daß sich die Fragen nur auf den Inhalt der Gefäße und nicht auf die Gefäße selbst beziehen).

Diese Ergebnisse sind um so bedeutungsvoller, als dieselben Versuche bei jungen Blinden, die Y. Hatwell studiert hat, einen Rückstand von bis zu vier Jahren und mehr aufzeigen, sogar bei den elementaren Fragen über Ordnungsbeziehungen (Abfolge, Stellung «zwischen» usw.). Und doch sind sogar bei den Blinden die verbalen Aneinanderreihungen (*A* ist kleiner als *B*, *B* kleiner als C, folglich ...) normal. Da aber die Sinnesstörung bei angeborener Blindheit schon von Anfang an die Anpassung der senso-motorischen Schemata verhindert und ihre allgemeine Koordinierung verzögert hat, genügen die verbalen Koordinierungen nicht, um diese Verzögerungen zu kompensieren, und es ist ein eigentliches Erlernen der Aktion notwendig, damit Operationen ausgebildet werden, die mit denen des Normalen oder sogar des Taubstummen vergleichbar sind.

---

[23] Vincent-Borelli, La naissance des opérations logiques chez les sourds-muets.
[24] Oléron und Herren, L'acquisition des conservations et le langage.

## 4. Sprache und Operationen

Der Vergleich zwischen den Fortschritten der Sprache und denen der intellektuellen Operationen setzt eine doppelte Kompetenz als Linguist und als Psychologe voraus. Unsere Mitarbeiterin H. Sinclair, die diese beiden Bedingungen erfüllt, hat solche Forschungen durchgeführt; wir geben ein oder zwei Muster wieder.

Man wählt zwei Gruppen von Kindern aus, die einen klar präoperativ, das heißt noch ohne Erhaltungsbegriffe, die anderen mit diesen Begriffen, und zwar so, daß sie diese mit Reversibilitäts- und Kompensationsargumenten beweisen. Dann zeigt man diesen beiden Gruppen Paare von Gegenständen (einen großen und einen kleinen, eine Gruppe von 4 bis 5 und eine andere von 2 Klötzen, einen Gegenstand, der gleichzeitig kürzer und breiter ist als ein anderer usw.) und läßt diese Paare einfach beschreiben, und zwar so, daß das eine Wort der einen Figur und das andere einer zweiten Figur zugeordnet wird, aber ohne daß diese Beschreibung mit einem Erhaltungsproblem verbunden ist. Es zeigt sich nun, daß sich die Sprachen der beiden Gruppen systematisch unterscheiden: wo die erste Gruppe nur «Skalare» (im linguistischen Sinne) verwendet, «dieser hat einen großen, jener einen kleinen», «dieser hat viel, jener nicht viel» usw., dort benutzt die zweite Gruppe «Vektoren»: «dieser hat einen größeren als der andere, es hat mehr» usw. Wo die erste Gruppe nur eine Dimension *aufs Mal* ins Auge faßt, sagt die zweite Gruppe: «dieser Bleistift ist länger und dünner» usw. Kurz, es besteht eine überraschende Beziehung zwischen der verwendeten Sprache und der Denkweise. Eine zweite Untersuchung zeigt ebenfalls einen engen Zusammenhang zwischen den Stadien bei der Entwicklung der Aneinanderreihung und der Struktur der verwendeten Ausdrücke.

Wie aber diese Beziehung interpretieren? Einerseits versteht das Kind der präoperativen Stufe die Ausdrücke der höheren Stufe gut, wenn man sie in Befehle oder Aufträge einkleidet («gib diesem einen größeren Bleistift» usw.), aber es verwendet sie nicht spontan. Wenn man es jedoch darauf «dressiert», sie zu verwenden, und zwar durch einen eigentlichen linguistischen Unterricht, so gelingt es ihm, wenn auch unter Schwierigkeiten, aber das verändert nur unwesentlich seine Erhaltungsbegriffe (in einem Fall auf zehn ungefähr); die Aneinanderreihung wird hingegen etwas verbessert, weil sich dort die linguistische Unterweisung gleichzeitig auf den Akt des Vergleichens, also auf den Begriff selbst erstreckt.

Diese Ergebnisse scheinen folglich zusammen mit den im Abschnitt VI, 3 beschriebenen zu zeigen, daß die Sprache nicht den Ursprung der Logik darstellt, sondern im Gegenteil durch diese strukturiert wird. Mit anderen Worten, die Wurzeln der Logik sind in der allgemeinen Koordinierung der Handlungen (verbale Verhaltensweisen inbegriffen) von jener senso-motorischen Stufe aus zu suchen, deren Schemata von allem Anfang an eine grundlegende Bedeutung zu haben scheinen; diese Schematik entwickelt und strukturiert in der Folge das Denken, auch das verbale, im Maße des Fortschritts der Handlungen bis zur Ausbildung der logisch-mathematischen Operationen, dem eigentlichen Ergebnis der Logik der Aktionskoordinierungen, sobald diese so weit sind, daß sie sich verinnerlichen und zu Gesamtstrukturen gruppieren. Das wollen wir jetzt darzulegen versuchen.

## 5. Schlußfolgerung

Die semiotische Funktion weist trotz der erstaunlichen Vielfalt ihrer Manifestationen eine bemerkenswerte Einheit auf. Ob es sich um die aufgeschobene Wahrnehmung, das symbolische Spiel, die Zeichnung, die inneren Bilder und Bild-Erinnerungen oder die Sprache handelt, sie ermöglicht immer die vorstellungsmäßige Evokation nicht aktuell wahrgenommener Gegenstände oder Ereignisse. Sie macht so das Denken möglich, indem sie ihm im Gegensatz zu den viel engeren Grenzen der senso-motorischen Aktion und der Wahrnehmung ein unbegrenztes Anwendungsfeld liefert, doch sie selbst macht umgekehrt nur unter der Leitung und dank den Beiträgen dieses Denkens oder dieser vorstellungsmäßigen Intelligenz Fortschritte. Weder die Nachahmung, noch das Spiel, noch die Zeichnung, noch das Bild, noch die Sprache, noch sogar das Gedächtnis (dem man eine mit der Wahrnehmung vergleichbare Fähigkeit spontaner Aufzeichnung hätte zuschreiben mögen) entwickeln oder organisieren sich ohne die

ständige Unterstützung durch die der Intelligenz eigene Strukturierung. Der Zeitpunkt ist deshalb gekommen, die Entwicklung dieser
Intelligenz von der Stufe der Vorstellung aus zu untersuchen, die
dank der semiotischen Funktion ausgebildet wurde.

# VIERTES KAPITEL

# DIE «KONKRETEN» DENKOPERATIONEN UND DIE INTERINDIVIDUELLEN BEZIEHUNGEN

Sobald einmal die wichtigsten senso-motorischen Schemata (erstes Kapitel) entwickelt und von 1½ bis 2 Jahren an die semiotische Funktion (drittes Kapitel) ausgebildet sind, könnte man eigentlich erwarten, daß dies für eine unmittelbare und rasche Verinnerlichung der Aktionen zu Operationen genüge. Die Ausbildung des Schemas des permanenten Gegenstandes und der praktischen «Gruppe» der Ortsveränderungen (erstes Kapitel, Abschnitt II) stellt doch eine Vorwegnahme der Reversibilität und der operativen Erhaltungen dar, deren baldige Entwicklung sie anzukündigen scheint. Doch man muß bis zum 7. und 8. Lebensjahr warten, bis diese Erwerbung verwirklicht ist, und man muß die Gründe dieser Verzögerung verstehen, wenn man die komplexe Natur der Operationen erfassen will.

## 1. Die drei Stufen beim Übergang von der Aktion zur Operation

Schon die Tatsache dieser Verzögerung beweist, daß drei Stufen zu unterscheiden sind und nicht nur zwei, wie Wallon[1] glaubt, der sich mit der Abfolge «vom Akt zum Denken» begnügt: es beginnt mit der senso-motorischen Stufe der direkten Aktion auf das Wirkliche; von 7 bis 8 Jahren an gibt es die Stufe der Operationen, die sich ebenfalls auf die Transformationen des Wirklichen erstrecken, aber durch verinnerlichte und zu kohärenten und reversiblen Systemen (vereinigen und trennen usw.) gruppierte Aktionen; und dazwischen liegt, beginnend bei 2 bis 3 und endend mit 6 bis 7 Jahren, eine Stufe, die nicht bloßer Übergang ist: sie ist zwar der unmittelbaren Aktion, die durch die semiotische Funktion verinnerlicht wird, voraus, aber sie ist auch durch wirkliche und neue Hindernisse gekennzeichnet, denn es dauert 5 oder 6 Jahre, bis der Übergang von der Aktion zur Operation vollzogen ist. Was können das für Hindernisse sein?
Man muß zuerst in Betracht ziehen, daß sich ein Erfolg in der Aktion

[1] H. Wallon, De l'acte à la pensée.

nicht ohne weiteres in einer adäquaten Vorstellung niederschlägt. Mit 1½ bis 2 Jahren ist das Kind also im Besitz einer praktischen Gruppe von Ortsveränderungen, die es ihm ermöglicht, sich in seiner Wohnung oder in seinem Garten mit Umwegen und Wendungen zurechtzufinden. Wir haben sogar 4- bis 5jährige Kinder gesehen, die täglich allein den 10 Minuten langen Weg von zu Hause in die Schule und wieder zurück gehen. Fordert man sie aber dazu auf, diesen Weg mit dreidimensionalen Gegenständen aus Karton (Häuser, Kirche, Straßen, Fluß, Platz usw.) darzustellen oder das Aussehen des Schulhauses, wie man es vom Haupteingang oder vom Fluß her sieht, zu beschreiben, gelingt es ihnen nicht, die topographischen Beziehungen, die sie ständig in Aktion benutzen, wiederzugeben: ihre Erinnerungen sind gewissermaßen motorische und ermöglichen nicht ohne weiteres eine simultane Rekonstruktion des Ganzen. Das erste Hindernis für die Operation ist folglich die Notwendigkeit, das, was schon auf der Ebene der Aktion erworben war, auf der neuen Ebene der Vorstellung zu rekonstruieren.

Als zweites beinhaltet diese Rekonstruktion einen Bildungsprozeß analog zu dem, den wir auf der senso-motorischen Ebene beschrieben haben (erstes Kapitel, Abschnitt II): den Übergang von einem Anfangszustand, in dem alles auf den eigenen Körper und die eigene Aktion zentriert ist, in einen Zustand der Dezentrierung, wo diese aufgrund ihrer objektiven Beziehungen in die Gesamtheit der im Universum entdeckten Gegenstände und Ereignisse eingefügt werden. Diese Dezentrierung, die schon auf der Ebene des Tuns (wo sie mindestens 18 Monate dauert) mühselig ist, fällt auf der Ebene der Vorstellung noch viel schwerer, da diese sich auf ein sehr viel ausgedehnteres und komplexeres Universum erstreckt[2].

Sobald die Sprache und die semiotische Funktion nicht mehr nur die

[2] Um nur ein kleines Beispiel zu erwähnen: mit 4 bis 5 Jahren lernt ein Kind, seine «rechte» Hand und seine «linke» Hand zu bezeichnen, obwohl es sie vielleicht schon auf der Stufe des Tuns unterscheidet; doch obwohl es diese Begriffe auf seinen Körper anwenden kann, braucht es noch zwei oder drei Jahre, um zu begreifen, daß ein Baum, der auf dem Hinweg rechts gesehen wurde, auf dem Rückweg links steht, oder daß die rechte Hand eines Menschen, der ihm gegenüber sitzt, von ihm aus gesehen links ist; und es braucht noch länger, um einzusehen, daß ein Gegenstand $B$, der zwischen $A$ und $C$ liegt, gleichzeitig rechts von $A$ und links von $C$ sein kann.

Evokation, sondern und vor allem auch die Kommunikation ermöglichen (Wort- oder Gebärdensprache, symbolische Spiele zu mehreren, gegenseitige Nachahmung usw.), besteht drittens das Universum der Vorstellungen nicht mehr nur wie auf der senso-motorischen Stufe ausschließlich aus Objekten (oder Personen-Objekten), sondern auch aus Subjekten, die zugleich dem Ich fremd und analog sind, mit all den verschiedenen und vielfältigen Aspekten einer solchen Situation, die zu differenzieren und zu koordinieren sind. Mit anderen Worten, die Dezentrierung, die notwendig ist, damit die Operationen sich ausbilden können, erstreckt sich nicht mehr nur auf ein physisches Universum, wobei auch dieses schon merklich komplexer als das senso-motorische Universum ist, sondern auch untrennbar auf ein interindividuelles oder soziales Universum. Im Gegensatz zu den meisten Aktionen beinhalten nämlich die Operationen immer eine Möglichkeit des Austausches, der zwischenindividuellen wie individuellen Koordinierung, und dieser kooperative Aspekt stellt eine *conditio sine qua non* für die Objektivität der inneren Kohärenz (Gleichgewicht) und die Universalität dieser operativen Strukturen dar.

Diese Betrachtungen zeigen, daß die kognitiven Konstruktionen und die kognitive Dezentrierung, die für die Ausbildung der Operationen notwendig sind, nicht von affektiven und sozialen Konstruktionen und einer affektiven und sozialen Dezentrierung getrennt werden können. Doch der Begriff sozial darf nicht nur im zu engen, wenngleich schon sehr weiten Sinn von erzieherischen, kulturellen oder sittlichen Übermittlungen verstanden werden: es handelt sich noch mehr um einen interindividuellen Prozeß gleichzeitig kognitiver, affektiver und moralischer Sozialisierung, dessen große Linien man verfolgen kann, falls man stark schematisiert – ohne zu vergessen, daß die optimalen Bedingungen immer Idealbilder bleiben und eine solche Entwicklung in Tat und Wahrheit vielfältigen Schwankungen unterworfen ist, die sich sowohl auf die kognitiven als auch auf die affektiven Aspekte beziehen.

Wenn wir nun in diesem Kapitel alles in allem die lange Periode zwischen 2 bis 3 und 11 bis 12 Jahren betrachten, anstatt eine präoperative Periode bis etwa zum 7. oder 8. Lebensjahr und die spätere Periode der konkreten Operationen auseinanderzuhalten, so geschieht das deshalb, weil die erste dieser beiden großen Phasen, obwohl sie 4 oder 5 Jahre lang dauert, doch nur eine Periode der Organisation und der Vorbereitung ist, vergleichbar mit den Stadien I bis III (oder IV) der senso-motorischen Entwicklung (erstes Kapitel, Abschnitt I), während die Periode vom 7. oder 8. bis zum 11. oder 12. Lebensjahr die des Abschlusses der konkreten Operationen ist, vergleichbar mit den Stadien IV oder V und VI beim Aufbau der senso-motorischen Schemata. Eine neue operative Periode, die charakteristisch für die Voradoleszenz ist und ihr Gleichgewicht um 14 bis 15 Jahre erreicht, vollendet dann die noch begrenzten und zum Teil lückenhaften Konstruktionen, die den konkreten Operationen zu eigen sind.

## II. Die Entstehung der «konkreten» Operationen

Die Operationen, etwa die Zusammenfassung zweier Klassen (die Väter bilden mit den Müttern zusammen die Eltern) oder die Zusammenzählung zweier Zahlen, sind Aktionen, und zwar aus den allgemeinsten ausgewählte (die Akte der Zusammenfassung, des Ordnens usw. spielen bei allen Koordinierungen von besonderen Aktionen mit), verinnerlichbare und reversible (der Zusammenfassung entspricht die Trennung, der Addition die Subtraktion usw.). Sie sind nie isoliert, sondern zu Gesamtsystemen koordinierbar (eine Klassifizierung, die Zahlenreihe usw.). Sie sind ebensowenig für ein bestimmtes Individuum charakteristisch, sondern allen Individuen ein und derselben geistigen Stufe gemeinsam, und sie kommen nicht nur in ihrem persönlichen Denken zur Geltung, sondern auch in ihrem kognitiven Austausch, denn dieser besteht auch wieder aus der Zusammenfassung von Informationen, der Schaffung von Beziehungen oder Zuordnungen zwischen ihnen, der Einführung von Reziprozitäten usw., und das sind wiederum Operationen, die jenen, deren sich das einzelne Individuum für sich selbst bedient, isomorph sind.
Die Operationen bestehen somit aus reversiblen Umwandlungen, wobei die Reversibilität eine Inversion ($A - A = 0$) oder eine Rezi-

prozität (*A* entspricht *B* und umgekehrt) sein kann. Eine reversible Umwandlung verändert aber nicht alles zugleich, sonst wäre sie un-umkehrbar. Eine operative Transformation ist also immer auf eine Unveränderliche bezogen, und diese Unveränderliche eines Transformationssystems stellt das dar, was wir bisher einen Begriff oder ein Erhaltungsschema (erstes Kapitel, Abschnitt II; zweites Kapitel, Abschnitt IV, usw.) genannt haben: das Schema des permanenten Gegenstands ist in diesem Sinne die Unveränderliche der praktischen Gruppe der Ortsveränderungen, usw. Die Erhaltungsbegriffe können deshalb als psychologische Hinweise auf den Abschluß einer operativen Struktur dienen.

## 1. Erhaltungsbegriffe

Der eindeutigste Hinweis auf die Existenz einer präoperativen Periode, die der im Abschnitt I dieses Kapitels unterschiedenen zweiten Stufe entspricht, ist nun eben das Fehlen der Erhaltungsbegriffe bis zum 7. oder 8. Lebensjahr. Betrachten wir daraufhin das Experiment über die Erhaltung der Flüssigkeiten[3] (ein Glas *A* wird in ein dünneres Glas *B* oder ein breiteres Glas *C* umgegossen). Bei den gewöhnlichen Reaktionen der Vier- bis Sechsjährigen, laut denen die Flüssigkeitsmenge zu- oder abnimmt, sind zwei Tatsachen besonders bemerkenswert. Erstens, daß die Kinder nur über Zustände oder Anordnungen nachzudenken scheinen und dabei die Formveränderungen vernachlässigen: das Wasser steht in *B höher als in A*, folglich hat seine Menge zugenommen, ganz unabhängig vom Umstand, daß man die gegebene Wassermenge nur umgegossen hat usw. Zweitens, daß die Transformation, die doch nicht übersehen wird, nicht als solche, das heißt als ein reversibler Übergang von einem Zustand in einen anderen, der zwar die Form verändert, aber die Menge unverändert beläßt, aufgefaßt wird: sie wird einer besonderen Aktion, der des «Umgießens» assimiliert, die auf einer anderen Ebene als die physikalischen Phänomene steht und unberechenbare, im wörtlichen Sinne,

[3] J. Piaget und A. Szeminska, La genèse du nombre chez l'enfant. Deutsch: Die Entwicklung des Zahlbegriffs beim Kinde.

das heißt in ihren äußeren Auswirkungen nicht ableitbare Ergebnisse zeitigt. Auf der Stufe der konkreten Operationen hingegen, also mit 7 oder 8 Jahren, wird das Kind sagen: «Es ist dasselbe Wasser» oder «Man hat nur umgegossen», «Man hat weder etwas weggenommen noch etwas hinzugefügt» (einfache oder additive Identitäten), «Man kann zurückgießen (B in A), so wie es vorher war» (Reversibilität durch Inversion) oder auch «Das Glas ist höher, aber dünner, also kommt es auf dasselbe heraus» (Kompensierung oder Reversibilität durch Reziprozität der Beziehungen). Mit anderen Worten, die Zustände sind von jetzt ab den Transformationen untergeordnet, und diese berücksichtigen, weil sie von der eigenen Aktion dezentriert und reversibel geworden sind, zugleich die Veränderungen in ihren kompensierten Variationen und die durch die Reversibilität implizierte Invarianz.

Diese Tatsachen können als Beispiel für das allgemeine Schema der Erwerbung jedes Erhaltungsbegriffs von präoperativen Nichterhaltungsreaktionen aus dienen. Ob es sich um die Verformung einer Tonkugel[4] handelt, an der das Kind die Erhaltung der Substanz mit 7 bis 8, des Gewichts mit 9 bis 10 und des Volumens mit 11 bis 12 Jahren (gemessen durch die Menge des verdrängten Wassers, wenn der Gegenstand untergetaucht wird) entdeckt, ob es sich um die Erhaltung der Längen (eine gerade Strecke verglichen mit der zuerst ebenfalls geraden und dann gebrochenen gleichen Strecke; oder zwei kongruente gerade Stäbe, die gegeneinander verschoben werden), der Flächen oder der Inhalte (durch Verschiebung von Elementen), die Erhaltung der Systeme bei veränderter räumlicher Anordnung usw. handelt: immer findet man auf den präoperativen Stufen Reaktionen, die auf die wahrnehmungsmäßigen oder bildhaften Darstellungen zentriert sind, und danach auf den operativen Stufen Reaktionen, die auf der Identität und der Reversibilität durch Inversion der Reziprozität beruhen[5].

---

4 J. Piaget und B. Inhelder, Le développement des quantités physiques chez l'enfant. Deutsch: Die Entwicklung der physikalischen Mengenbegriffe beim Kinde.
5 Diese Ergebnisse, die von zahlreichen Autoren in mehreren Ländern bestätigt wurden, haben wir nicht nur durch vorwiegend qualitative Befragungen und statistische Kontrollen gewonnen. Der eine der Autoren hat diese Fragen nach einer «lon-

## 2. Die konkreten Operationen

Die Operationen, um die es bei dieser Art von Problemen geht, können in dem Sinne «konkret» genannt werden, als sie sich direkt auf die Objekte beziehen und noch nicht auf verbal formulierte Hypothesen, wie das bei den Aussage-Operationen der Fall ist, die wir im V. Kapitel untersuchen wollen; die konkreten Operationen bilden also den Übergang zwischen der Aktion und den allgemeineren logischen Strukturen, die eine Kombinatorik und eine «Gruppen»struktur beinhalten, welche die beiden möglichen Reversibilitätsformen koordinieren. Freilich werden auch schon diese entstehenden Operationen zu Gesamtstrukturen koordiniert, doch diese sind, weil verallgemeinerte Kombinationen fehlen, viel ärmer und bilden sich von Fall zu Fall. Solche Strukturen sind zum Beispiel Klassifizierungen, Aneinanderreihungen, Zuordnungen von einem zum anderen und von einem zu vielen, Matrizen usw. Diese Strukturen, die wir «Gruppierungen» nennen wollen, haben die Eigenschaft, daß sie fortschreitende Reihen bilden mit direkten (zum Beispiel eine Klasse $A$ gibt zusammen mit der komplementären Klasse $A'$ eine Gesamtklasse $B$; dann ist $B + B' = C$ usw.), umgekehrten $(B - A' = A)$, identischen $(+ A - A = o)$, tautologischen $(A + A = A)$ und teilweise assoziativen $[(A + A') + B' = A + (A' + B')$, aber $(A + A) - A \neq A + (A - A)]$ Operationsverbindungen.

gitudinalen» Methode neu untersucht, indem er dieselben Kinder nach verschiedenen Zwischenräumen überprüfte. Damit konnte er einerseits zeigen, daß es sich um einen «natürlichen» und stufenweise ablaufenden Prozeß handelt (ohne Rückfall in überwundene Phasen), und andererseits beweisen, daß die drei Arten von Argumenten, die verwendet werden, um die Erhaltungen zu rechtfertigen, interdependent sind: die Identität zum Beispiel geht nicht notwendig der Reversibilität voraus, ergibt sich aber implizit oder explizit aus ihr. Dann wurde auch eine Reihe von Versuchen angestellt, um die Faktoren zu analysieren, die bei der Entdeckung der Erhaltungen mitwirken: Einübung der Grundmechanismen Reversibilität, Identität und Kompensation, Abfolge der Strategien von den einfachsten zu den komplexesten usw. Man beobachtet in diesen Fällen Regulationen (mit Rückkopplung oder Feedback), die den Übergang zur Operation bilden, ohne daß aber kurzfristiges Erlernen genügt, um die operativen Strukturen zu erzeugen oder vor allem zu vollenden in Form eines vollständigen Abschlusses, der eine deduktive Handhabung im eigentlichen Sinne des Wortes ermöglicht.

Man kann in dieser Hinsicht auf den verschiedenen präoperativen Stufen die aufeinanderfolgenden Ansätze dessen verfolgen, was die additiven und multiplikativen «Gruppierungen» von Klassen und Beziehungen[6] werden, sobald einmal die voll reversible Mobilität und folglich, weil sie sich trotz der unendlichen Ausdehnung des Systems ständig in sich selbst schließt, die Möglichkeit kohärenter deduktiver Komposition erreicht ist.

### 3. Die Aneinanderreihung

Ein gutes Beispiel für diesen aufbauenden Prozeß ist die Aneinanderreihung, die darin besteht, Elemente nach zunehmender oder abnehmender Größe zu ordnen. Es gibt senso-motorische Ansätze zu dieser Operation, wenn ein Kind von $1^1/_2$ bis 2 Jahren zum Beispiel mit Klötzen, deren Größenunterschiede unmittelbar wahrnehmbar sind, einen Turm baut. Gibt man dann den Kindern kleine Lineale, deren kaum sichtbare Unterschiede einen Vergleich von immer je zweien notwendig machen, so lassen sich die folgenden Etappen beobachten: zuerst Paare oder kleine Gruppen (ein kleines, ein großes usw.), die aber nicht untereinander koordiniert werden; dann eine Konstruktion durch empirisches tastendes Versuchen, das eine halb-reversible, aber noch nicht operative Regulation darstellt; schließlich eine systematische Methode, indem durch Vergleiche zwischen jeweils zwei Elementen zuerst das kleinere, dann das kleinste der noch verbleibenden Elemente usw. ausgesucht wird. In diesem Falle ist die Methode operativ, denn ein beliebiges Element $E$ wird zum voraus als gleichzeitig größer denn die vorhergehenden ($E > D, C, B, A$) und kleiner denn die folgenden ($E < F, G$ usw.) begriffen, was eine Form von

---

[6] Unter dem logischen Gesichtspunkt ist die «Gruppierung» eine Gesamtstruktur mit beschränkten Kompositionen (durch Aneinanderstoßen oder allmähliche Komposition). Sie ist verwandt mit der «Gruppe», es fehlt ihr aber die vollständige Assoziativität (cf. ein «Gruppoid»), und benachbart dem «Netz», aber nur in Form einer Halbverbindung. Ihre logische Struktur wurde von J.-B. Grize (Etudes d'épistémologie génétique, Vol. XI) und G.-G. Granger (Logique et analyse, 8. Jahrgang, 1965) formalisiert.

Reversibilität durch Reziprozität ist. Sobald aber die Struktur abgeschlossen ist, ergibt sich daraus sogleich eine bis dahin unbekannte Möglichkeit deduktiver Komposition: die Transitivität $A < C$, wenn $A < B$ und $B < C$ (indem man wahrnehmungsmäßig $A$ und $B$, dann $B$ und $C$ vergleichen läßt, aber dann $A$ wegnimmt, um seine Beziehung zu $C$ ableiten zu lassen, was präoperativen Prüflingen noch nicht gelingt).

Aus dieser operativen Aneinanderreihung, die etwa mit 7 Jahren erworben wird, leiten sich reihenmäßige Zuordnungen (Männlein verschiedener Größe werden ebenfalls verschiedene Stöcke und entsprechend aneinanderreihbare Rucksäcke zugeordnet) oder Aneinanderreihungen in der zweidimensionalen Ebene ab (auf einem Tisch müssen Baumblätter geordnet werden, die sich sowohl in ihrer Größe als auch in ihrer mehr oder weniger dunklen Färbung unterscheiden). Auch diese Systeme werden mit 7 oder 8 Jahren erworben.

### 4. Die Klassifizierung

Die Klassifizierung stellt ebenfalls eine grundlegende Gruppierung dar, deren Wurzeln bis in die den senso-motorischen Schemata eigenen Assimilationen zurückzuverfolgen sind. Gibt man Kindern zwischen 3 und 12 Jahren Gegenstände zu klassifizieren («zusammenstellen, was ähnlich ist» usw.), so beobachtet man drei große Etappen[7]. Die jüngsten Kinder beginnen mit «figürlichen Sammlungen», das heißt, sie ordnen die Gegenstände nicht nur nach ihren Ähnlichkeiten und individuellen Unterschieden, sondern stellen sie räumlich in Reihen, Quadraten, Kreisen usw. zusammen, so daß die Sammlung selbst eine Figur im Raum bildet, die als wahrnehmungsmäßiger oder bildhafter Ausdruck für die «Ausdehnung» der Klasse dient (die senso-motorische Assimilation, die die «Anschauung» kennt, beinhaltet nämlich unter dem Gesichtspunkt des Subjekts keine «Ausdehnung»). Die zweite Etappe ist die der nicht-figürlichen Sammlungen: kleinere Gruppen ohne räumliche Form können sich ihrerseits zu Un-

[7] B. Inhelder und J. Piaget, La genèse des structures logiques élémentaires chez l'enfant.

tergruppen differenzieren. Die Klassifizierung scheint nun (von $5^{1}/_{2}$ bis 6 Jahren an) rational zu sein, aber bei genauerer Überprüfung zeigen sich noch Lücken in der «Ausdehnung»: verlangt man zum Beispiel von einem Kind, daß es aus einer Gruppe $B$ von 12 Blumen mit einer Untergruppe $A$ von 6 Schlüsselblumen nacheinander die Blumen $B$ und die Schlüsselblumen $A$ zeigt, so antwortet es richtig, weil es das Ganze $B$ und den Teil $A$ bezeichnen kann. Fragt man es aber: «Sind hier mehr Blumen oder mehr Schlüsselblumen?», so gelingt es ihm nicht, gemäß der Einschachtelung $A < B$ zu antworten, denn wenn es an den Teil $A$ denkt, bleibt $B$ nicht mehr als Einheit erhalten, und der Teil $A$ ist dann nur noch vergleichbar mit dem komplementären Teil $A'$ (es antwortet folglich «von beiden gleich viel» oder, falls 7 Schlüsselblumen vorhanden sind, «mehr Schlüsselblumen»). Diese Einschachtelung der Klassen in der Ausdehnung gelingt mit ungefähr 8 Jahren und kennzeichnet dann die operative Klassifizierung[8].

### 5. Die Zahl

Der Aufbau der ganzen Zahlen vollzieht sich beim Kind in enger Verbindung mit der Aneinanderreihung und Abgrenzung in Klassen. Man darf nämlich nicht glauben, ein Kind besitze die Zahl schon nur deshalb, weil es verbal zählen gelernt hat: die zahlenmäßige Schätzung bleibt in Wirklichkeit lange mit der räumlichen Anordnung der Elemente verbunden, in enger Analogie zu den «figürlichen Sammlungen» (siehe oben unter 4). Das im dritten Kapitel, Abschnitt IV, 5 beschriebene Experiment zeigt mit aller Klarheit: man muß nur die Elemente einer von zwei Reihen, die anfänglich optisch miteinander

[8] Dazu kommen die doppelten Klassifizierungen (Matrizen), die auf derselben Stufe auftreten: zum Beispiel rote oder weiße Quadrate und Kreise, die auf vier Fächer verteilt sind, nach zwei Dimensionen klassifizieren usw. Man hat diese Strukturen als Intelligenztests verwendet (Raven), aber man müßte sorgfältiger als bisher zwischen den operativen Lösungen und den bloß wahrnehmungsmäßigen Lösungen aufgrund figürlicher Symmetrien unterscheiden. Man hat auch (Goldstein, Scheerer u. a.) die Kriterienwechsel bei den Klassifizierungen, das heißt die antizipierenden und retroaktiven Regulationen, die zur reversiblen Mobilität führen, gründlich untersucht.

übereinstimmten, auseinanderschieben, und schon sieht das Kind die zahlenmäßige Äquivalenz nicht mehr. Man kann nun aber natürlich nicht von operativen Zahlen sprechen, bevor sich eine von den räumlichen Anordnungen unabhängige Erhaltung der zahlenmäßigen Summen ausgebildet hat.

Man könnte nun zusammen mit den Vertretern der Mengenlehre und den Logikern Frege, Whitehead und Russell annehmen, die Zahl entstehe einfach aus einer Zuordnung Glied um Glied zwischen zwei Klassen oder zwei Mengen. Doch es gibt zweierlei Zuordnungen: die qualifizierten Zuordnungen, die auf der Ähnlichkeit der Elemente beruhen (zum Beispiel eine Nase für eine Nase, eine Stirn für eine Stirn usw. beim Vergleich zwischen dem Modell und seiner Kopie), und die «beliebigen» Zuordnungen von «eins zu eins». Und nur diese führen zur Zahl, denn sie beinhalten bereits die numerische Einheit. Man muß sie nun noch genetisch erklären, ohne einem circulus vitiosus zu verfallen.

Unter einem solchen Gesichtspunkt ergibt sich die Zahl zunächst aus einer Abstrahierung von den unterschiedlichen Qualitäten, so daß jedes individuelle Element mit jedem anderen gleichwertig wird: $1 = 1 = 1$ usw. Danach sind die Elemente klassifizierbar nach den Einschließungen $(<): 1 < (1 + 1) < (1 + 1 + 1)$ usw. Aber sie sind zugleich aneinanderreihbar $(\rightarrow)$, und es gibt nur ein Mittel, um nicht zweimal die gleiche in diesen Einschließungen zu zählen, nämlich sie aneinander zu reihen (im Raum oder in der Zeit)[9]: $1 \rightarrow 1 \rightarrow 1$ usw. Die Zahl erscheint so als eine bloße Synthese der Aneinanderreihung und der Einschließung: $\{[(1) \rightarrow 1] \rightarrow 1\} \rightarrow$ usw.; und deshalb bildet sie sich in enger Verbindung mit diesen beiden Gruppierungen aus (siehe 3 und 4), aber als originale und neue Synthese. Auch hier wieder klärt die Psychologie des Kindes Fragen, die in dieser genetischen Perspektive oft dunkel bleiben. Zahlreiche experimentelle wie theoretische (logische Formalisierung) Arbeiten sind schon von einem solchen Standpunkt ausgegangen[10].

9 Also nicht nach der Beziehung «größer», sondern nur nach den Beziehungen «vor» und «nach».

10 So hat P. Gréco, der die späteren Etappen beim Aufbau der Zahl untersuchte, zeigen können, daß sich die numerische Synthese der Klassen und der Reihenordnung

# 6. Der Raum

Die operativen Strukturen, von denen eben die Rede war, beziehen sich auf diskontinuierliche oder unstetige Gegenstände, und sie beruhen auf den Unterschieden zwischen den Elementen und ihren Ähnlichkeiten oder Äquivalenzen. Doch es gibt eine Gruppe von Strukturen, die mit den genannten genau isomorph sind, außer, daß sie sich auf kontinuierliche Gegenstände beziehen und auf Nähe oder Trennung beruhen. Diese Operationen, die wir «infralogisch» (in dem Sinne, als sie sich auf eine andere Wirklichkeitsstufe beziehen, und nicht weil sie früher wären) nennen können, werden parallel zu den logisch-mathematischen Operationen und gleichzeitig mit ihnen aufgebaut, was besonders für die räumlichen (ebenso übrigens wie für die zeitlichen, kinematischen usw.) Operationen gilt.

Ein eindrückliches Beispiel ist das Raummaß[11], das unabhängig von der Zahl, aber in enger Isomorphie mit ihr (mit etwa 6 Monaten Abstand, weil im Kontinuum die Einheit nicht schon gegeben ist) ausgebildet wird. Es beginnt mit einer Teilung des Kontinuums und einer Einschachtelung der Teile isomorph zur Einschließung der Klassen. Damit aber die Einheit ausgebildet und benützt werden kann, muß einer der Teile durch geordnete Verschiebung (ohne Überlappungen usw.) sukzessive auf das Ganze angewendet werden, was einer Aneinanderreihung entspricht: das Raummaß erscheint so als eine Synthese der Verschiebung und der partitiven Addition, gleich wie die Zahl die Synthese der Aneinanderreihung und der Einschließung ist.

Doch das Messen ist nur ein besonderer Fall von räumlichen Operationen, und wenn man diese in ihrer Gesamtheit betrachtet, beobachtet man beim Kind eine Situation von großem allgemeinem und theo-

für höhere Zahlen als 7 bis 8 oder 14 bis 15 nur schrittweise vollzieht: Man kann deshalb von einer fortschreitenden Arithmetisierung der Zahlenreihe sprechen. Was die logische Formalisierung betrifft, konnte J.-B. Grize eine kohärente Formulierung der zur Diskussion stehenden Synthese geben, indem er zeigte, wie die den Gruppierungen anhaftenden Beschränkungen aufgehoben werden, sobald man alle Klassen- und Beziehungsgruppierungen zu einer einzigen verbindet (Etudes d'epistémologie, Band XIII und XV, 1961–1962, Presses Universitaires de France).

[11] J. Piaget, B. Inhelder, A. Szeminska, La géometrie spontanée chez l'enfant.

retischem Interesse. Historisch begann die Geometrie mit der euklidischen Metrik, dann kam die projektive Geometrie und schließlich die Topologie. Theoretisch hingegen bildet die Topologie eine allgemeine Grundlage, woraus man parallel den projektiven Raum und die allgemeine Metrik, aus der die euklidische hervorgeht, ableiten kann. Erstaunlicherweise steht nun die Entwicklung der präoperativen Anschauungen und dann der räumlichen Operationen dem theoretischen Aufbau sehr viel näher als der historischen Abfolge: die topologischen Strukturen (Nachbarschaftsbeziehungen, Umhüllungen, Öffnung und Schließung, Koordinierung benachbarter Gegenstände in linearer und dann zwei- oder dreidimensionaler Ordnung usw.) gehen den anderen deutlich voraus, denn aus diesen Grundstrukturen entstehen gleichzeitig und parallel die projektiven Strukturen (Koordinierung der Gesichtspunkte usw.) und die metrischen Strukturen (Ortsveränderungen, Messen, Koordinaten oder Bezugssysteme als Verallgemeinerung des Messens in zwei oder drei Dimensionen) hervor. Siehe dazu auch drittes Kapitel, Abschnitt III.

## 7. Zeit und Geschwindigkeit

Erinnern wir schließlich an die Operationen, die bei der Strukturierung der Geschwindigkeiten und der Zeit mitwirken[12]. Im Zusammenhang mit dem anfänglichen Primat der topologischen und ordinalen Strukturen, bildet sich der Geschwindigkeitsbegriff nicht in seiner metrischen Form ($v = e/t$), die erst mit 10 oder 11 Jahren erreicht wird, sondern in einer ordinalen Form: ein Fahrzeug ist schneller als ein anderes, wenn es dieses überholt, das heißt, wenn es zu einem früheren Zeitpunkt hinter ihm war und dann zu einem späteren Zeitpunkt vor ihm ist. Auf einer präoperativen Stufe beachtet ein Kind im allgemeinen sogar nur die Ankunftspunkte (also kein halbes Überholen oder bloßes Aufholen), dann strukturiert es operativ die vorweggenommenen Überholungen ebenso wie die festgestellten;

[12] J. Piaget, Les notions de mouvement et de vitesse chez l'enfant, und J. Piaget, Le développement de la notion du temps chez l'enfant. Deutsch: Die Bildung des Zeitbegriffs beim Kinde.

darauf ist es so weit, daß es die zu- oder abnehmende Größe der Zwischenräume berücksichtigt (hyperordinale Stufe), und schließlich setzt es die Zeiten und durchmessenen Strecken zueinander in Beziehung.

Der Begriff der Zeit beruht in seiner ausgebildeten Form auf drei Arten von Operationen: 1. eine Aneinanderreihung der Ereignisse, die die zeitliche Reihenfolge begründet; 2. eine Einschachtelung der Zwischenräume zwischen den punktförmigen Ereignissen als Ursprung der Dauer; 3. eine zeitliche Metrik (die schon im System der musikalischen Einheiten, vor jeder Wissenschaft, am Werk ist), die mit der räumlichen Metrik isomorph ist. Während aber die ordinale Strukturierung der Geschwindigkeiten von der Dauer (aber natürlich nicht von der zeitlichen Ordnung) unabhängig ist, hängt umgekehrt die Dauer, wie übrigens bereits die Gleichzeitigkeit, von den Geschwindigkeiten ab. Die genannten Operationen (1–3) bleiben nämlich unabhängig von der mehr oder weniger großen Geschwindigkeit des Zeitablaufs und sagen dem Menschen nichts über die Kadenz dieses Ablaufs[13], weil sie vom physischen oder psychologischen Inhalt der Dauer abhängt, von dem diese nicht zu trennen ist. Das Kind beurteilt am Anfang die Dauer nur nach diesem Inhalt, ganz ungeachtet der Geschwindigkeit (was auch wir bei den intuitiven Schätzungen noch oft tun): es wird deshalb annehmen, ein Fahrzeug sei länger gefahren, wenn es einen größeren Weg zurückgelegt hat usw. Danach wird der Inhalt mit der Geschwindigkeit seines Ablaufs in Beziehung gesetzt, was dann die Zeit als objektive Beziehung begründet und den erwähnten Operationen ein Zugreifen am Zeitablauf als solchem ermöglicht: das ist evident bei den Operationen der Zeitmessung (Geschwindigkeit der Uhrzeigerbewegung), während ein solches Hilfsmittel bei Kindern nichts nützt, weil diese sich vorstellen, der Uhrzeiger oder der Sand der Sanduhr bewegten sich mit veränderlichen Geschwindigkeiten, je nach dem zu messenden Inhalt.

[13] Wenn nämlich eine mit der Uhr gemessene Stunde zehnmal länger oder zehnmal kürzer wäre, würden die Operationen 1 bis 3 für dieselben Ereignisse die gleichen Resultate ergeben.

# iii. Die Vorstellung des Universums, Kausalität und Zufall

In Verbindung mit dem operativen Kern des Denkens entfalten sich zahlreiche in verschiedenem Grade strukturierte Tätigkeiten, je nachdem sie mehr oder weniger leicht das Wirkliche assimilieren. Die Kausalität und der Zufall sind die beiden wesentlichen Pole, zwischen denen sie sich anordnen.

Von ungefähr drei Jahren an stellt das Kind sich und seiner Umgebung Reihen von Fragen, von denen die mit «warum» beginnenden die bemerkenswertesten sind. Man kann dann untersuchen, in welcher Weise diese Fragen formuliert werden, denn die Art der Fragestellung gibt schon einen Hinweis auf die Art von Antworten oder Lösungen, die der Fragende zu erhalten erwartet. Es ist natürlich angezeigt, dieselben oder andere analoge Fragen bei der Befragung anderer Kinder wieder zu verwenden.

Eine erste allgemeine Feststellung drängt sich in dieser Hinsicht auf: die Warum zeugen von einer Vorkausalität zwischen der wirkenden Ursache und dem Endzweck und sie wollen, unter diesen beiden Gesichtspunkten, insbesondere einen Grund für die Phänomene finden, die für uns zufällig sind, die aber im Kind um so mehr das Bedürfnis nach einer finalistischen Erklärung wecken. «Warum gibt es zwei Salève (Berge bei Genf), einen großen und einen kleinen?» fragt, zum Beispiele, ein sechsjähriger Knabe. Auf diese Frage haben fast alle Gleichaltrigen geantwortet: «Weil es einen für die großen Spaziergänge und einen für die kleinen braucht.»

Einer der Autoren hat schon früher versucht, die wichtigsten Aspekte dieser kindlichen Vorkausalität präoperativer Natur zu beschreiben[14]. Zusätzlich zu diesem sozusagen integralen Finalismus hat er einen «Realismus» nachgewiesen, der auf die Nichtunterscheidung zwischen dem Psychischen und dem Physischen zurückzuführen ist: die Namen werden materiell den Dingen zugeordnet, die Träume sind kleine materielle Bilder, die man im Zimmer betrachtet, das Denken ist eine Art Stimme («der Mund, der hinter meinem Kopf ist

[14] J. Piaget, La causalité physique chez l'enfant; La représentation du monde chez l'enfant.

und zu meinem vorderen Mund spricht»). Der Animismus entsteht aus derselben Nichtunterscheidung, aber im umgekehrten Sinne: alles, was in Bewegung ist, ist lebendig und bewußt, der Wind weiß, daß er bläst, die Sonne weiß, daß sie sich bewegt usw. Auf Fragen nach dem Ursprung, die bei den Kleinen so wichtig sind, insofern sie mit dem Problem der Herkunft der kleinen Kinder zusammenhängen, wird mit systematischem Artifizialismus geantwortet: die Menschen haben den See ausgegraben und Wasser hineingegossen, und all das Wasser stammt aus Brunnen und Röhren. Die Gestirne «entstanden, als wir geboren wurden», sagt ein sechsjähriger Knabe, «denn vorher war keine Sonne nötig», und diese ging aus einer Kugel hervor, die man in die Luft warf und die dann größer wurde, denn man kann gleichzeitig lebendig und hergestellt sein, wie es die kleinen Kinder sind[15].

Diese Vorkausalität ist deshalb interessant, weil sie den frühen senso-motorischen Kausalitätsformen, die wir im Abschnitt II des ersten Kapitels «magisch-phänomenistisch» genannt haben, ziemlich nahe steht. Wie diese ist sie das Ergebnis einer Art systematischer Assimilation der physischen Prozesse an die eigene Aktion, und das führt zuweilen zu fast magischen Haltungen (als Beispiel seien die vielen 4- bis 6jährigen getesteten Kinder genannt, die glauben, daß der Mond ihnen folge, daß sie ihn sogar zwingen, ihnen zu folgen). Aber ebenso wie die senso-motorische Vorkausalität (schon in den Stadien IV bis VI im I. und II. Abschnitt des ersten Kapitels) von einer objektivierten und verräumlichten Kausalität abgelöst wird, verwandelt sich die vorstellungsmäßige Vorkausalität, die in ihrem Wesen Assimilation an das Tun ist, auf der Stufe der konkreten Operationen allmählich in

[15] Diese Vorkausalität wurde von einigen angelsächsischen Autoren ebenfalls untersucht. Einige fanden dieselben Tatsachen, während sich andere solchen Interpretationen nachdrücklich widersetzten. Dann folgte ein großes Schweigen, bis zwei talentierte Kanadier, M. Laurendau und A. Pinard (La pensée causale), das Problem sowohl von den Fakten (mit einem großen statistischen Material) als auch von der Methode her neu aufgriffen. Sie haben im großen und ganzen dieselben Tatsachen gefunden. Was die Methode betrifft, so konnten sie zeigen, daß die Befürworter der Vorkausalität ihre Ergebnisse von Kind zu Kind, wie wir, gewonnen hatten, während die Gegner ein Objekt nach dem anderen untersucht hatten, ohne die Stadien oder die Besonderheiten der individuellen Reaktionen zu berücksichtigen.

eine rationale Kausalität, indem sie sich nicht mehr an die eigenen Aktionen in ihrer egozentrischen Ausrichtung, sondern an die Operationen als allgemeine Koordinaten der Aktionen assimiliert.

Ein schönes Beispiel für diese operative Kausalität ist der kindliche Atomismus, der sich von den additiven Operationen und der daraus sich ergebenden Erhaltung ableitet. Im Zusammenhang mit Experimenten über die Erhaltung haben wir einmal Kinder zwischen 5 und 12 Jahren gefragt, was nach der Auflösung eines Stücks Zucker in einem Glas Wasser geschehe[16]. Bis zu ungefähr 7 Jahren verschwindet der aufgelöste Zucker vollständig, und sein Geschmack vergeht wie ein gewöhnlicher Geruch; von 7 bis 8 Jahren an bleibt seine Substanz erhalten, nicht aber sein Gewicht oder sein Volumen; von 9 bis 10 Jahren an kommt die Erhaltung des Gewichts hinzu und von 11 bis 12 Jahren an die des Volumens (was daran zu erkennen ist, daß das Wasser, das beim Hineinwerfen der Zuckerstücke ein wenig gestiegen ist, nach deren Auflösung nicht auf den früheren Stand zurückgeht). Diese dreifache Erhaltung (parallel zu dem, was man bei den Veränderungen der Tonkugel findet) erklärt sich für das Kind durch die Hypothese, daß die Zuckerkörner, indem sie sich auflösen, sehr klein und unsichtbar werden und so zunächst ihre Substanz ohne Gewicht oder Volumen, dann nacheinander auch diese beiden Eigenschaften bewahren, wobei die Summe dieser elementaren Körnchen zunächst der gesamten Substanz, dann dem Gewicht und schließlich dem Volumen der Zuckerstücke vor der Auflösung entspricht. Ein schönes Beispiel für die kausale Erklärung durch Projektion einer operativen Komposition in das Wirkliche.

Doch diese operativen Formen der Kausalität (und man könnte viele andere erwähnen, etwa die Komposition von Stoß und Widerstand in der transitiven Bewegung) stoßen auf ein Hindernis, nämlich daß das Wirkliche der Deduktion widersteht und immer einen mehr oder weniger großen Anteil an Zufälligem enthält. Interessant an den Reaktionen des Kindes auf das Zufällige ist, daß es den Begriff des Zufalls oder der irreversiblen Vermischung so lange nicht versteht, als es noch nicht im Besitze von reversiblen Operationen ist, die ihm als

16 J. Piaget und B. Inhelder, Le développement des quantités physiques chez l'enfant. Deutsch: Die Entwicklung der physikalischen Mengenbegriffe beim Kinde.

Bezüge dienen, während es, sobald diese einmal aufgebaut sind, das Irreversible als Widerstand gegen die operative Ableitbarkeit versteht.

Ein einfaches Experiment, das wir neben vielen anderen[17] in dieser Hinsicht angestellt haben, bestand darin, daß wir eine bewegliche Schachtel vorlegten, mit zehn weißen Perlen auf der einen und 10 schwarzen auf der anderen Seite, jeweils in kleinen Fächern: es ging nun darum, deren fortschreitende Durchmischung bei der Bewegung der Schachtel und die kleine Wahrscheinlichkeit einer späteren Entmischung (so daß am Ende die schwarzen und die weißen Perlen wieder voneinander getrennt gewesen wären) zu antizipieren. Auf der präoperativen Stufe ist die Finalität stärker als der Zufall: jede Perle wird wieder an ihren Platz zurückkehren, sieht das 4- bis 6jährige Kind voraus, und wenn es die Durchmischung mit eigenen Augen feststellt, sagt es: «Sie werden sich entmischen», oder aber, die schwarzen würden den Platz der weißen einnehmen und umgekehrt in einem alternativen und regelmäßigen Wechsel. Von 8 bis 9 Jahren an hingegen wird die Durchmischung und die Unwahrscheinlichkeit einer Rückkehr in die Ausgangslage vorausgesehen.

Halten wir noch fest, daß der Zufall zwar am Anfang negativ als Hindernis gegen die Ableitbarkeit aufgefaßt wird, daß aber das Kind mit der Zeit das Zufällige an die Operation assimiliert, indem es einsieht, daß die individuellen Fälle unvorhersehbar bleiben, daß aber die Abläufe im Ganzen vorhersehbar sind: der Begriff der Wahrscheinlichkeit wird so Schritt für Schritt als Beziehung zwischen den günstigen Fällen aufgebaut. Doch sein Abschluß setzt eine Kombinatorik voraus, das heißt eine Struktur, die sich erst mit 11 bis 12 Jahren ausbildet (fünftes Kapitel, Abschnitt III,4).


## IV. Die sozialen und affektiven Interaktionen

Der Entwicklungsprozeß, dessen kognitiven Aspekt wir in den beiden letzten Abschnitten beschrieben haben, verbindet also die Struk-

[17] J. Piaget und B. Inhelder, La genèse de l'idée de hasard chez l'enfant.

turen einer frühen senso-motorischen Stufe mit denen einer Stufe konkreter Operationen, die sich zwischen 7 und 11 Jahren ausbildet, wobei er eine präoperative Periode (2 bis 7 Jahre) durchläuft, die durch eine systematische Assimilation an das eigene Tun gekennzeichnet ist (symbolisches Spiel, Nichterhaltungen, Vorkausalität usw.) und die gleichzeitig ein Hindernis und eine Vorbereitung für die operative Assimilation darstellt. Es versteht sich von selbst, daß die affektive und soziale Entwicklung des Kindes den Gesetzen des gleichen allgemeinen Prozesses folgt, da die affektiven, sozialen und kognitiven Aspekte des Verhaltens in Wirklichkeit nicht voneinander zu trennen sind: wie wir schon (im Abschnitt IV des ersten Kapitels) gesehen haben, stellt die Affektivität die Energetik der Verhaltensweisen dar, deren Strukturen den kognitiven Funktionen entsprechen, und obwohl die Energetik nicht die Strukturierung, und umgekehrt, erklärt, kann keine der beiden ohne die andere funktionieren.

## *1. Die Entwicklung*

Das Auftreten der Vorstellung, das auf die semiotische Funktion zurückzuführen ist, ist tatsächlich für die Entwicklung der Affektivität und der sozialen Beziehungen ebenso wichtig wie für die der kognitiven Funktionen: das senso-motorische affektive Objekt ist nur ein Gegenstand des unmittelbaren Kontaktes, den man nach einer kurzen Trennung wiederfinden kann, der aber während dieser Trennungen nicht in Erinnerung gerufen werden kann. Zusammen mit dem inneren Bild, dem Gedächtnis, dem symbolischen Spiel und der Sprache ist hingegen der affektive Gegenstand immer gegenwärtig und immer wirksam, sogar wenn er physisch nicht anwesend ist, und diese grundlegende Tatsache bewirkt die Bildung neuer Affekte: in Form von Sympathien und Antipathien, was den anderen betrifft, und in Form eines dauerhaften Selbstbewußtseins und einer dauerhaften eigenen Wertschätzung, was das Ich betrifft.

Daraus ergeben sich einige neue Entwicklungen, die mit ungefähr 3 Jahren in der «Oppositionskrise» gipfeln, wie Ch. Bühler sie genannt hat. Sie zeichnet sich aus durch ein Bedürfnis nach Selbstbestätigung und Unabhängigkeit und ebenso durch allerlei Rivalitäten vom Ödipustyp oder ganz allgemein den Älteren gegenüber; und alles äußert sich in seinen affektiven Aspekten beständig in den Formen des symbolischen Spiels und ebenso in den nicht-spielerischen Verhaltensweisen. Doch diese Selbstbewußtwerdung, die noch mehr als eine introspektive Entdeckung eine Selbsteinschätzung ist, bringt das Kind nicht nur in Opposition zum Anderen, sondern, da es sich grundsätzlich um Wertschätzungen handelt, auch ebensosehr dazu, dessen Zuneigung und Achtung zu gewinnen[18].

## 2. Das Problem

Diese noch unstabile und unfertige dialektische Situation beherrscht das ganze Kleinkinderleben und das soziale Verhalten in dieser Zeit, was die Kontroversen – und bisweilen die Gespräche unter Tauben – zwischen den Psychologen erklärt, die einen bestimmten Pol des für diesen Lebensabschnitt charakteristischen Soziallebens besonders herausarbeiten wollten.

Halten wir zunächst fest, daß der Ausdruck «sozial» unter einem affektiven Gesichtspunkt zwei sehr unterschiedliche Wirklichkeiten bezeichnen kann, wie wir schon im Falle des Erkennens betont haben: es gibt zunächst die Beziehungen zwischen dem Kind und dem Erwachsenen, Ursprung der erzieherischen und sprachlichen Übermitt-

[18] G. Guex, Les conditions intellectuelles et affectives de l'Oedipe, Revue française de psychanalyse. Nach Guex ist die Ausbildung der Objektbeziehungen auf der senso-motorischen Stufe vor allem auf ein Sicherheitsbedürfnis zurückzuführen, während auf der Stufe zwischen 3 und 5 Jahren die Gewinnung der Achtung des anderen dominiert. Guex spricht hier von Autonomie und wundert sich, daß diese schon vor der Kooperationsstufe auftritt, die so offenkundig mit 7 oder 8 Jahren beginnt (das heißt in enger Verbindung mit der Entwicklung der konkreten Operationen, wie wir schon gesehen haben). Doch in Wirklichkeit handelt es sich bei der Oppositionskrise in keiner Weise um eine Autonomie im späteren Sinne, das heißt um eine Unterstellung des Ich unter Regeln (-«nomie»), die es sich selbst («Auto»-) gibt oder frei in Zusammenarbeit mit Gleichaltrigen ausarbeitet: es handelt sich nur um Unabhängigkeit (Anomie und nicht Autonomie) und eben Opposition, das heißt um jene komplexe und vielleicht sogar widersprüchliche Situation, in der das Ich gleichzeitig frei und von den anderen geachtet sein will.

lung des kulturellen Erbes unter einem kognitiven Gesichtspunkt und Ursprung spezifischer Gefühle und insbesondere der sittlichen Gefühle (siehe viertes Kapitel, Abschnitt V) unter dem affektiven Gesichtspunkt; aber es gibt auch die sozialen Beziehungen zwischen den Kindern untereinander und zum Teil zwischen Kindern und Erwachsenen, aber nicht mehr nur als Übermittlung in einer Richtung, sondern als kontinuierlicher und konstruktiver Sozialisierungsprozeß.

Und gerade dieser Sozialisierungsprozeß stellt Probleme. Für einige Autoren (Ch. Bühler[19], Grünbaum, Buytendijk[20], Wallon[21] und dessen Schüler Zazzo[22]) weist das Kind das *Maximum* an Interaktionen oder zumindest sozialen Interdependenzen während des Kleinkinderlebens (unsere präoperative Stufe) auf, während es in der Folge seine individualisierte Persönlichkeit durch, verglichen mit diesen frühen Interdependenzen, eine Art Rückzug, Rücknahme oder Befreiung erwirbt. Für andere Autoren hingegen, zu denen wir gehören, gibt es einen progressiven und nicht regressiven Sozialisierungsprozeß, so daß allem Schein zum Trotz die Individualität, die beim Kind von 7 und mehr Jahren zur Autonomie tendiert, sozialisierter ist als das Ich in der Interdependenz der frühen Kindheit und, ebenfalls allem Schein zum Trotz, diese sozialen Interdependenzen der Frühzeit zwischen 2 und 7 Jahren in Wirklichkeit ein *Minimum* von Sozialisierung aufweisen, weil sie ungenügend strukturiert sind (wobei die innere Struktur der Beziehungen hier viel wichtiger ist als die globale Phänomenologie, auf die man sich beruft).

Prüft man diese Streitfrage mit dem heute möglichen Abstand etwas genauer, so scheinen die Autoren dieser beiden Richtungen ganz offensichtlich fast das gleiche zu sagen, und sie unterscheiden sich viel stärker in ihrem Vokabular als in ihren Lösungen. Man muß deshalb die Beziehungen und nicht die Begriffe analysieren und die Gesichtspunkte des Kindes und des Beobachters auseinanderhalten, worauf

[19] Ch. Bühler, Kindheit und Jugend.
[20] F. J. Buytendijk, Wesen und Sinn des Spiels.
[21] H. Wallon, L'étude psychologique et sociologique de l'enfant.
[22] R. Zazzo, Les jumeaux.

bestimmte Zusammenhänge gleichzeitig als soziale Interdependenzen und als ungenügende Sozialisierungswerkzeuge interpretiert werden können.

### 3. Die Sozialisierung

Da sich alle darin einig sind, daß die kognitive und affektive oder soziale Entwicklung voneinander untrennbar sind und parallel verlaufen, besteht die sicherste Methode darin, das Ergebnis der Forschungen über die der präoperativen Stufe eigenen intellektuellen Haltungen als Leitfaden zu nehmen. Die Präkausalität (viertes Kapitel, Abschnitt III) stellt in dieser Hinsicht ein bemerkenswertes Beispiel für eine Situation dar, in welcher das Kind davon überzeugt ist, daß es die äußeren und objektiven Mechanismen der Wirklichkeit erfaßt, während unter dem Gesichtspunkt des Beobachters offenkundig ist, daß es sie nur an eine gewisse Zahl von subjektiven Merkmalen des eigenen Tuns assimiliert. Was im Falle der Vorkausalität evident ist, gilt ebensosehr, wenn auch manchmal weniger augenfällig, für die Nichterhaltungen und alle präoperativen Reaktionen. Man kann ganz allgemein sagen, der Hauptunterschied zwischen der präoperativen und der operativen Stufe bestehe darin, daß in der ersteren die Assimilation an die eigene Aktion dominiert, während in der letzteren die Assimilation an die allgemeinen Koordinierungen der Aktion, also an die Operationen überwiegt.

Man sieht jetzt ohne weiteres die mögliche Analogie zu den Phasen des Sozialisierungsprozesses. Es ist nämlich heute völlig klar, daß die allgemeine Koordinierung der Aktionen, die den funktionellen Kern der Operationen auszeichnet, sowohl die interindividuellen als auch die intraindividuellen Aktionen umfaßt, so daß die Frage sinnlos wird, ob die kognitive Kooperation (oder Kooperationen) die individuellen Operationen erzeugt oder umgekehrt. Offensichtlich bilden sich somit auf der Stufe der konkreten Operationen neue interindividuelle Beziehungen kooperativer Natur aus, und es spricht nichts dafür, daß sie sich auf den kognitiven Austausch beschränken, da doch der kognitive und der affektive Aspekt der Verhaltensweisen nicht voneinander getrennt werden können.

Wenn es sich so verhält, dann ist wahrscheinlich der soziale Austausch auf der präoperativen Stufe präkooperativer Art, wenn man
so sagen darf, das heißt sozial unter dem Gesichtspunkt des Kindes,
und auf das Kind selbst und seine eigene Tätigkeit zentriert unter
dem Gesichtspunkt des Beobachters. Genau das wollte einer der
Autoren dieses Buches sagen, als er früher von «kindlicher Egozentrik» sprach; doch wurde, wie wir schon im Abschnitt II des dritten
Kapitels gesehen haben, der Ausdruck oft falsch verstanden, obwohl
wir immer wieder auf seine gewissermaßen epistemische, nicht um-
gangssprachliche oder «moralische» Bedeutung hingewiesen haben,
auf die Schwierigkeit nämlich, die das Kind hat, Unterschiede in den
Gesichtspunkten der Gesprächspartner zu berücksichtigen, folglich
sich dezentrieren zu können. Die Tatsachen sind heute in dreierlei
Bereichen ziemlich klar: Regelspiele, gemeinschaftliche Aktionen und
verbaler Austausch.

1. Die Regelspiele sind soziale Einrichtungen in dem Sinne, daß sie
unverändert von einer Generation an die nächste übermittelt werden
und vom Willen der Individuen, die sie akzeptieren, unabhängig sind.
Manche dieser Spiele werden unter Mitwirkung der Erwachsenen
weitergegeben, aber andere sind spezifisch kindlich, so etwa das Mar-
melspiel der Knaben, das in Genf mit 11 bis 12 Jahren aufhört. Diese
Spiele der zweiten Gruppe sind somit, weil sie gleichzeitig Spiele und
ausschließlich kindlich sind, am besten geeignet, das soziale Leben unter Kindern zu fördern.

Während die Marmelspiele vom 7. Lebensjahr an gut strukturiert
sind, weil alle Beteiligten die den Partnern bekannten Regeln beach-
ten und sich gegenseitig hinsichtlich dieser Beachtung überwachen,
vor allem aber weil alle den Willen zu einem ehrlichen Wettkampf
haben, so daß die einen nach den anerkannten Regeln gewinnen und
die anderen verlieren, zeigt das Spiel der jüngeren Kinder noch ganz
andere Merkmale. Zunächst hat jedes Kind von den Älteren mehr
oder weniger verschiedene Regeln übernommen, denn die Regeln als
Ganzes sind ziemlich kompliziert, und das Kind behält am Anfang
nur einen Teil in Erinnerung. Dann aber, und das ist bedeutsamer,
gibt es keine Kontrolle, das heißt, jeder spielt so, wie er will, ohne
sich zu sehr um die anderen zu kümmern. Schließlich und vor allem

gibt es keine Verlierer, sondern alle gewinnen zugleich, denn der Zweck besteht darin, zum Zeitvertreib mit sich selbst zu spielen, dabei aber Impulse von der Gruppe zu bekommen und in einem kollektiven Milieu dabeizusein. Es gibt somit gar keinen Unterschied zwischen dem sozialen Verhalten und der Zentrierung auf das eigene Tun. Es gibt noch keine wirkliche Kooperation, nicht einmal auf der Ebene des Spiels.

2. In einer interessanten Studie über das gemeinschaftliche Arbeiten von Kindern verschiedener Altersklassen ging R. Froyland Nielsen[23] einerseits von der unmittelbaren Beobachtung spontaner Tätigkeiten und andererseits von Anordnungen aus, die vom Kind ein *Minimum* an Organisation erforderten: zu zweien auf zu kleinen Tischen arbeiten, gemeinsam nur einen Bleistift zur Verfügung haben, um zu zeichnen, dasselbe Material verwenden usw. Sie erhielt dabei zweierlei Ergebnisse. Einerseits läßt sich eine mehr oder weniger regelmäßige Entwicklung vom Arbeiten für sich allein zu Zusammenarbeit beobachten, wobei das mögliche selbständige Arbeiten größerer Kinder nicht dieselbe unabsichtliche und gewissermaßen unbewußte Bedeutung wie bei den Kleinen hat, die bei diesem Für-sich-allein-Arbeiten die Gemeinschaft und das Zusammenarbeiten mit den Nachbarn spüren, ohne sich aber darum zu kümmern, was diese im einzelnen tun. Dazu stellt man am Anfang eine mehr oder weniger systematische Schwierigkeit fest, Formen der Zusammenarbeit zu finden oder sogar zu suchen, als ob diese nicht ein spezifisches Ziel darstellen würde, das um seiner selbst willen und mit geeigneten Methoden anzustreben wäre.

3. Die früheren Untersuchungen des einen der beiden Autoren über die Funktionen der Sprache beim Austausch zwischen Kindern haben zu analogen Ergebnissen geführt, und diese hatten im übrigen die erwähnten anderen Forschungsarbeiten veranlaßt. Doch diese Ergebnisse haben größere Diskussionen ausgelöst. Tatsache ist einfach, daß in bestimmten Schulen, in denen die Kinder frei arbeiten, spielen und sprechen, nicht alle Aussagen der Vier- bis Sechsjährigen als Informationen oder als Fragen usw. (= sozialisierte Sprache) gedacht, son-

[23] R. F. Nielsen, Le développement de la sociabilité chez l'enfant.

dern oft Monologe oder «kollektive Monologe» sind, bei denen jedes für sich selbst redet, ohne den anderen zuzuhören (= egozentrische Sprache).

Man hat zunächst zeigen können, daß der Anteil der egozentrischen Aussagen vom Milieu abhängig ist. Im Austausch zwischen Eltern und Kindern haben D. und R. Katz nur wenige solcher Monologe gefunden, während A. Leuzinger, gleichzeitig Mutter und Lehrerin des untersuchten Kindes, daheim mehr als in der Schule und mit dem Erwachsenen mehr als unter Kindern solche feststellte (was mit der interventionistischen oder nicht-interventionistischen Erziehung zusammenhängt). S. Isaacs hat während einer verlockenden Schularbeit nur wenige solche Monologe beobachtet; während des Spiels waren sie häufiger (was mit dem, was wir über das symbolische Spiel gesagt haben, ziemlich übereinstimmt[24]).

Wichtig ist dabei, daß man sich nicht an die Gesamtheit der spontanen Reden eines Kindes hält, deren Interpretation, wie die Erfahrung zeigt, nicht immer leicht ist, sondern daß man, wie es schon einer der beiden Autoren getan hat, die beiden typischen Situationen möglichst gründlich analysiert, in denen man etwas genauer untersuchen kann, ob es einem Kind gelingt oder nicht, durch die Sprache auf ein anderes Kind einzuwirken: eine Erklärung, die ein Kind dem anderen gibt, und die Diskussion unter Kindern. In beiden Fällen zeigt die Beobachtung, daß kleine Kinder systematische Schwierigkeiten haben, sich auf den Standpunkt des Partners zu stellen, ihm die erwünschte Information verständlich zu machen und anfängliche Mißverständnisse zu klären. Erst durch lange Übung gelingt es dem Kind (auf der operativen Stufe), nicht mehr nur für sich selbst, sondern im Blick auf den anderen zu sprechen. Im Zusammenhang mit seiner Kritik der «egozentrischen Sprache» hat R. Zazzo den Schluß gezo-

---

[24] Was die Interpretation der egozentrischen Sprache betrifft, so hat Vygotsky (Thought and Language), der dieselben Tatsachen in der UdSSR fand, sie als das funktionelle kindliche Äquivalent und den Ursprung der inneren Sprache des Erwachsenen interpretiert; es würde sich somit um eine individuelle, aber nicht notwendig egozentrische Verwendung der Sprache handeln. Diese Interpretation ist durchaus annehmbar, sofern festgehalten wird, daß sie auch die Egozentrik (im angegebenen Sinne des Wortes) nicht ausschließt.

gen, in solchen Situationen spreche das Kind nicht «für sich», sondern «ihm gemäß», das heißt in Funktion seiner Beschränkungen und seiner Möglichkeiten. Wir gehen mit ihm einig, verweisen aber auf die Bemerkungen vom Anfang dieser Ausführungen über die Sozialisierung: von sich selbst aus gesehen spricht das Kind zu seinem Gesprächspartner und nicht zu sich selbst, aber vom Beobachter her gesehen, der mit dem vergleicht, was das Kind später tun wird, spricht es nur zu sich selbst und gelingt es ihm nicht, eine kooperative Beziehung zustande zu bringen.

## v. Gefühle und moralische Urteile

Eines der wesentlichen Ergebnisse der affektiven Beziehungen zwischen dem Kind und seinen Eltern oder den Erwachsenen, die deren Rolle spielen, ist die Ausbildung der besonderen moralischen Gefühle der Gewissensverpflichtung. Freud hat den Begriff des «Über-Ich» populär gemacht, der Verinnerlichung des affektiven Bildes des Vaters oder der Eltern, das dann die Ursache von Pflichten, zwingenden Vorbildern, Gewissensbissen und zuweilen sogar Selbstbestrafungen wird. Doch diese Auffassung ist schon ziemlich alt, und bereits im Werk von J. M. Baldwin findet sich ein bemerkenswerter Fortschritt. Baldwin, der die Bildung des Ich der Nachahmung zuschrieb (da die Nachahmung notwendig ist, um zunächst ein vollständiges Bild des eigenen Körpers und dann einen Vergleich zwischen den allgemeinen Reaktionen des Anderen und des Ich zu geben), hat gezeigt, daß von einer bestimmten Grenze an, die bei Willenskonflikten, aber auch infolge der größeren allgemeinen Fähigkeiten des Erwachsenen sichtbar wird, das Ich der Eltern nicht mehr unmittelbar nachgeahmt werden kann und alsdann ein «Ideal-Ich» wird, die Ursache von zwingenden Vorbildern und folglich eines moralischen Bewußtseins.

# 1. Entstehung und Verpflichtung

P. Bovet[25] hat eine sehr eingehende und genaue Analyse dieses Prozesses gegeben. Nach ihm ist die Ausbildung des Pflichtgefühls zwei Bedingungen untergeordnet, die beide notwendig sind und zusammen genügen: 1. Weisungen, die von außen gegeben werden, das heißt Befehle, die unbeschränkt gelten (nicht lügen usw.); und 2. die Annahme dieser Weisungen, was ein besonderes Gefühl dessen, der die Weisung erhält, für den, der sie gibt, voraussetzt (denn das Kind nimmt nicht von jedem beliebigen Menschen, zum Beispiel jüngeren Geschwistern oder einer Person, die ihm gleichgültig ist, Weisungen an). Dieses Gefühl ist, nach Bovet, der Respekt, eine Mischung von Liebe und Furcht: die Liebe allein würde nicht genügen, um eine Verpflichtung zu bewirken, und Furcht allein hat nur eine materielle und eigennützige Unterwerfung zur Folge. Doch der Respekt besteht gleichzeitig aus Liebe und einer Art Furcht, die mit der Situation des Niederern im Vergleich zum Höheren zusammenhängt, und er genügt, um die Annahme der Weisungen und folglich das Pflichtgefühl zu erwirken[26].

Doch dieser Respekt im Sinne Bovets stellt nur eine der beiden möglichen Formen des Respekts dar. Wir wollen ihn «einseitig» nennen, weil er einen Tieferstehenden mit einem Höherstehenden, der als solcher betrachtet wird, verbindet, und wir unterscheiden davon einen «gegenseitigen Respekt», der auf der Reziprozität in der Achtung beruht.

Dieser einseitige Respekt, der zweifellos die Ursache des Pflichtgefühls ist, erzeugt im Kleinkind eine Moral des Gehorsams, die in ih-

---

25 P. Bovet, Les conditions de l'obligation de conscience.

26 Diese Analyse, die von der Psychologie des Kindes ausgeht, steht im Gegensatz zu Kant und Durkheim. Kant sah im Respekt ein Gefühl von einheitlichem Typ, das nur insofern auf eine Person bezogen wird, als diese das sittliche Gesetz verkörpert oder vertritt. Durkheim dachte gleich, nur daß er das «Gesetz» durch die «Gesellschaft» ersetzte. Für beide ist folglich der Respekt eine Wirkung der Verpflichtung und tritt später auf als diese, während er für Bovet die Ursache ist. Bovet hat, was das Kind angeht, zweifellos recht: das Kind respektiert seinen Vater nicht als Verkörperung des Rechts oder der sozialen Gruppe, sondern als höherstehendes Individuum, als Ursache der zwingenden Vorbilder und der Gesetze.

rem Wesen durch eine *Heteronomie* charakterisiert ist; diese schwächt sich in der Folge ab, um zumindest teilweise der Autonomie, wie sie für den gegenseitigen Respekt kennzeichnend ist, Platz zu machen[27].

## 2. Die Heteronomie

Diese Heteronomie äußert sich in einigen affektiven Reaktionen und bestimmten bemerkenswerten Strukturen, die für das moralische Urteil vor dem 7. bis 8. Lebensjahr bezeichnend sind.

Unter dem affektiven Gesichtspunkt ist zunächst festzuhalten (wie der eine der Autoren und einige Mitarbeiter Lewins es getan haben), daß die Macht der Weisungen am Anfang gebunden ist an die materielle Gegenwart dessen, der sie gegeben hat: ist er abwesend, so verliert das Gesetz seine Wirkung, oder dessen Verletzung verursacht nur vorübergehend ein Unbehagen.

Später wird diese Macht dauerhaft, und es kommt zu einer ganzen Reihe von systematischen Assimilationen, die die Psychoanalytiker als Identifikationen mit dem Elternbild oder den Autoritätsbildern bezeichnen. Doch die Unterwerfung kann nie vollständig sein, und diese Bilder erzeugen jeweils eine mehr oder weniger systematische Ambivalenz. Mit anderen Worten, die Komponenten des Respekts trennen sich, und diese Trennung führt zu einer Mischung von Liebe und Feindschaft, Sympathie und Aggressivität, Eifersucht usw. Wahrscheinlich sind die Schuldgefühle, die sich manchmal in der Jugend und bisweilen noch später so verheerend auswirken, zumindest in ihren sozusagen neurotischen Erscheinungsformen eher auf diese Ambivalenzen als nur auf die bloße Wirkung der Weisungen und des ursprünglichen Respekts zurückzuführen[28].

[27] J. Piaget, Le jugement moral chez l'enfant. Deutsch: Das moralische Urteil beim Kinde.

[28] Die Schuld erzeugt Angstgefühle, die insbesondere Ch. Odier (L'angoisse et la pensée magique) und A. Freud (Le moi et les mécanismes de défense. Deutsch: Das Ich und die Abwehrmechanismen), zusammen mit den Verteidigungsmechanismen, die diese Ängste auslösen, untersucht haben: das Kind empfindet zum Beispiel seine Schuld, weil es streitsüchtig war, und die Angst, die daraus entsteht, führt zu Selbstbestrafungen, Opfern usw. und verbindet sich manchmal, wie Odier gezeigt hat, mit

## 3. Der moralische Realismus

Unter dem Gesichtspunkt des moralischen Urteils führt die Heteronomie zu einer ziemlich systematischen Struktur, die präoperativ im Hinblick sowohl auf die kognitiven Beziehungsmechanismen als auch auf die Sozialisierungsprozesse ist: der *moralische Realismus*, nach dem die Verpflichtungen und die Werte durch das Gesetz oder die Weisung an sich, unabhängig vom Kontext der Absichten und der Umstände, bestimmt sind.

Einer der Autoren hat zum Beispiel ein Kleinkind beobachtet, das gewöhnlich einer mütterlichen Weisung ohne jede moralische Bedeutung (eine Mahlzeit fertig essen) unterworfen war; als diese Weisung eines Tages durch die Mutter selbst und aus verständlichen und gültigen Gründen (Unwohlsein des Kindes) aufgehoben wurde, vermochte das Kind nicht mehr, sich nicht verpflichtet und schuldig zu fühlen, wenn es die Weisung nicht respektierte.

Was die Verantwortung betrifft, führt der moralische Realismus zu der aus der Geschichte des Rechts und der Moral wohlbekannten Erscheinung, die man *objektive Verantwortung* genannt hat: der Akt wird bewertet aufgrund seiner materiellen Übereinstimmung mit dem Gesetz und nicht aufgrund der bösen Absicht, das Gesetz zu verletzen, oder der guten Absicht, die plötzlich ungewollt mit dem Gesetz in Konflikt kommt[29]. Im Falle der Lüge zum Beispiel erhält das Kind die Weisung zur Wahrhaftigkeit oft schon, bevor es deren sozialen Wert begreift, weil es noch nicht genügend sozialisiert ist, und manchmal bevor es zwischen absichtlicher Täuschung und Verzerrung des Wirklichen im symbolischen Spiel oder durch bloßes Wunschdenken unterscheiden kann. Daraus ergibt sich dann, daß die

gewissen fast magischen Formen der Vorkausalität (viertes Kapitel, Abschnitt III) als Verteidigungs- und Schutzwerkzeugen (was übrigens nicht nur für die moralische Angst gilt: ein Junge, der später Mathematiker wurde, wählte einen anderen Weg zum Zahnarzt, nachdem es einmal ziemlich weh getan hatte, als ob sein Schmerz vom gewählten Weg abhängig wäre).

[29] In der Geschichte des Rechts ist am Anfang die Tötung ein Verbrechen, auch wenn sie durch Zufall und nicht durch Nachlässigkeit verursacht war; die Berührung der Bundeslade ist eine Verletzung des Tabus, selbst wenn das Bundeszelt in Gefahr ist.

Regel der Wahrhaftigkeit der Persönlichkeit des Kindes wie aufge-
prägt erscheint und eine für den moralischen Realismus und die objektive Verantwortung typische Situation schafft: die Lüge erscheint nicht deshalb als bedenklich, weil sie eine absichtliche Täuschung ist, sondern weil sie sich materiell von der objektiven Wahrheit entfernt. Einer der Autoren ließ zum Beispiel eine wirkliche
Lüge (daheim erzählen, man habe in der Schule eine gute Note erhalten, obwohl man gar nicht *abgefragt* wurde) mit einer bloßen Über-
treibung (nachdem man Angst vor einem Hund hatte, daheim erzählen, er sei groß wie ein Pferd oder eine Kuh gewesen) vergleichen.
Für die Kleinen (und Caruso hat das in Löwen bestätigen können
usw.) ist die erste Lüge nicht «schlimm», denn 1. kommt es oft vor,
daß man gute Noten hat; und 2. vor allem: «Mama hat es geglaubt.»
Die zweite Lüge hingegen ist sehr «schlimm», weil man noch nie
einen so großen Hund gesehen hat ...

## 4. Die Autonomie

Mit den Fortschritten der sozialen Kooperation zwischen Kindern
und den entsprechenden operativen Fortschritten erwirbt das Kind
neue moralische Beziehungen, die auf dem *gegenseitigen Respekt* beruhen und zu einer gewissen *Autonomie* führen, ohne daß man natürlich den Anteil dieser Faktoren im Vergleich zur ständigen Wirkung der früheren überschätzen darf. Zwei wichtige Tatsachen sind
immerhin festzuhalten.
Beim Regel-Spiel betrachten die Kinder unter 7 Jahren, die die Regeln fix und fertig von den älteren übernehmen (über einen vom einseitigen Respekt abgeleiteten Mechanismus), diese als «heilig», un-
antastbar und transzendenten Ursprungs (die Eltern, die «Herren»
der Regierung, der liebe Gott usw.). Die großen Kinder hingegen
sehen in der Regel das Ergebnis einer Übereinkunft unter Gleichaltrigen und halten Änderungen für möglich, sofern eine demokratisch
geregelte Übereinstimmung zustande kommt.
Ein wesentliches Ergebnis des gegenseitigen Respekts und der Reziprozität ist andererseits das Gefühl für Gerechtigkeit, das oft auf Ko-

sten der Eltern erworben wird (zum Beispiel durch eine ungewollte Ungerechtigkeit usw.). Schon mit 7 bis 8 Jahren, und später immer mehr, überwiegt die Gerechtigkeit den Gehorsam, und sie wird eine zentrale Norm, die im affektiven Bereich dem entspricht, was die Kohärenznormen im Bereich der kognitiven Operationen sind (und zwar in einem solchen Maße, daß es auf der Stufe der Kooperation und des gegenseitigen Respekts eine eindrückliche Parallelität zwischen diesen Operationen und der Strukturierung der moralischen Werte gibt)[30].

# vi. Schlußfolgerung

Beeindruckend ist im Laufe dieser langen Periode der Vorbereitung und dann der Ausbildung der konkreten Operationen die funktionelle Einheit (in jeder Teilperiode), die die kognitiven, spielerischen, affektiven, sozialen und moralischen Reaktionen zu ein und demselben Ganzen verbindet. Vergleicht man etwa den präoperativen Abschnitt zwischen 2 und 7 bis 8 Jahren mit der Abschlußperiode zwischen 7 bis 8 und 11 bis 12 Jahren, so erkennt man einen großen Gesamtprozeß, den man als einen Übergang von der subjektiven Zentrierung in allen Bereichen zu einer zugleich kognitiven, sozialen und moralischen Dezentrierung charakterisieren kann. Und dieser Prozeß ist um so eindrücklicher, als er im Großen, auf der Stufe des Denkens, das wiederholt und entwickelt, was man schon verkürzt auf der senso-motorischen Stufe (erstes Kapitel, Abschnitt II und IV) feststellt.

Die vorstellungsmäßige Intelligenz beginnt nämlich mit einer syste-

[30] Halten wir schließlich fest, daß B. Reymond-Rivier (Choix sociométriques et motivations), als sie an Kindergruppen die soziometrische Wahl im Sinne von J.-L. Moreno (Die Grundlagen der Soziometrie) untersuchte (allerdings unabhängig von den etwas abenteuerlichen Theorien dieses Autors), eine ziemlich klare Entwicklung der Motive bei der Wahl der «Anführer» aufzeigen konnte: während sich die Kleinen auf zum Teil heteronome Gründe (Wertschätzung durch den Lehrer, Rang in der Schule usw.) berufen, machen die Großen Kriterien geltend, die eindeutig zur zweiten Wertgruppe gehören: gerecht sein, nicht herumspionieren, ein Geheimnis für sich behalten können (bei den Mädchen) usw.

matischen Zentrierung auf das eigene Tun und die augenblicklichen figurativen Aspekte jener Bereiche des Wirklichen, auf die es sich erstreckt; dann führt sie zu einer Dezentrierung, die auf den allgemeinen Koordinierungen des Tuns beruht und es ermöglicht, die operativen Systeme der Transformationen und die Unveränderlichen oder Erhaltungen auszubilden, die die Vorstellungen des Wirklichen von seinem trügerischen figurativen Schein befreien.

Das Spiel, ein Interferenzbereich zwischen den kognitiven und affektiven Interessen, setzt im Laufe der Unterperiode zwischen 2 und 7 bis 8 Jahren mit einem Höhepunkt des symbolischen Spiels ein, das eine Assimilation des Wirklichen an das Ich und seine Wünsche ist, bevor es sich dann in Richtung der konstruktiven und der Regelspiele weiterentwickelt, die eine Objektivierung des Symbols und eine Sozialisierung des Ich kennzeichnen.

Die Affektivität, die zunächst auf den Familienkreis zentriert ist, erweitert ihr Register mit der Vervielfachung der sozialen Beziehungen, und die moralischen Gefühle, die zunächst an eine heilige Autorität gebunden waren, was aber, weil sie äußerlich blieb, nur einen relativen Gehorsam bewirkte, entwickeln sich in Richtung eines gegenseitigen Respekts und einer Reziprozität, deren Dezentrierungseffekte in unseren Gesellschaften tiefer und dauerhafter sind.

Der soziale Austausch schließlich, der die Gesamtheit der genannten Reaktionen umfaßt, da sie gleichzeitig individuell und interindividuell sind, setzt einen Prozeß schrittweiser Strukturierung oder Sozialisierung in Gang, der von einem Zustand der fehlenden Koordinierung oder relativen Nichtunterscheidung zwischen dem eigenen Standpunkt und dem der anderen zu einem Zustand der Koordinierung der Standpunkte und der Kooperation in den Handlungen und in den Informationen führt. Dieser Prozeß umgreift alle anderen in dem Sinne, als die perspektivische Täuschung – wenn zum Beispiel ein Kind von 4 bis 5 Jahren nicht weiß (was häufig vorkommt), daß es selbst der Bruder oder die Schwester seines Bruders oder seiner Schwester ist – sowohl die Logik der Beziehungen als auch das Ichbewußtsein betrifft; das Kind wird, wenn es die Stufe der Operationen erreicht, eben dadurch zu Kooperationen befähigt, ohne daß man Ursache und Wirkung in diesem Gesamtprozeß unterscheiden kann.

# FÜNFTES KAPITEL

# DIE VORADOLESZENZ UND DIE AUSSAGE-OPERATIONEN

Diese Verhaltenseinheit findet sich in der Periode zwischen 11 bis 12 und 14 bis 15 Jahren, in der der junge Mensch sich vom Konkreten löst und das Wirkliche in ein System von möglichen Transformationen einordnet. Diese letzte grundlegende Dezentrierung vollzieht sich am Ende der Kindheit und bereitet die Adoleszenz vor, deren wichtigstes Kennzeichen zweifellos eine solche Lösung vom Konkreten zugunsten von Interessen ist, die sich auf das Unaktuelle und die Zukunft richten: das Alter der großen Ideale und der einsetzenden Theorien über die schon vorhandenen einfachen Anpassungen an das Wirkliche hinaus. Man hat diesen affektiven und sozialen Aufschwung der Adoleszenz schon oft beschrieben, aber nicht immer eingesehen, daß die notwendige Vorbedingung dafür eine Transformation des Denkens war, die den Umgang mit Hypothesen und das Nachdenken über Aussagen, die von der konkreten und aktuellen Feststellung losgelöst sind, möglich macht.

Diese neue Struktur des Denkens wird während der Voradoleszenz aufgebaut, und man muß sie als Struktur beschreiben und analysieren, was die Verfasser von «Tests» sehr oft vergessen, indem sie die gemeinsamen und allgemeinen Merkmale zugunsten der individuellen Verschiedenheiten vernachlässigen. Es gibt nur ein Mittel, die Strukturen als solche zu erfassen: man muß ihre logischen Aspekte herausarbeiten. Das bedeutet nicht, daß man in Logizismus machen soll, sondern nur, daß man sich zuerst und vor allem einer allgemeinen und qualitativen Algebra bedient, bevor man sich der statistischen Quantifizierung zuwendet. Der Vorteil dieser Algebra besteht insbesondere darin, daß sie ein Bild der Möglichkeiten liefert, die ein normales Kind ausnützen kann, auch wenn nicht jedes alle verwirklicht und selbst wenn ihre Aktualisierung Beschleunigungen oder Verzögerungen, je nach schulischem und sozialem Milieu, unterworfen ist.

Die Untersuchung der Struktur oder der Unterstrukturen, die zur Voradoleszenz gehören, ist für ein Gesamtbild der Psychologie des Kindes um so notwendiger, als sie einen natürlichen Abschluß in der Verlängerung der senso-motorischen Strukturen (I. Kapitel) und der Gruppierungen der konkreten Operationen (IV. Kapitel) darstellen. Diese neuen Transformationen führen in einem gewissen Sinne an das Ende der Kindheit, aber wir müssen sie dennoch auch an dieser Stelle bedenken, weil sie zwar für die späteren Altersstufen neue Perspektiven eröffnen, gleichzeitig aber einen Abschluß der vorangehenden Perioden darstellen: ein System von Strukturierungen, die, obwohl sie neu sind, die früheren unmittelbar und notwendig verlängern, weil sie gewisse ihrer Lücken ausfüllen.

# 1. Das formale Denken und die Kombinatorik

Die Besonderheit der konkreten Operationen besteht darin, daß sie sich direkt auf die Gegenstände oder ihre Zusammenfassungen (Klassen), ihre Beziehungen oder ihre Zählung beziehen: die logische Form der Urteile und Gedanken organisiert sich dann nur in mehr oder weniger untrennbarer Verbindung mit ihren Inhalten, das heißt, daß die Operationen nur bei Feststellungen oder Vorstellungen, die für wahr gehalten werden, aber nicht bei bloßen Hypothesen funktionieren. Neu an der Stufe, die wir uns jetzt ansehen wollen, ist hingegen, daß der junge Mensch durch eine Differenzierung zwischen der Form und dem Inhalt fähig wird, folgerichtig über Aussagen nachzudenken, an die er nicht oder noch nicht glaubt, die er also als reine Hypothesen betrachtet: er wird somit fähig, aus bloß möglichen Wahrheiten die notwendigen Folgerungen zu ziehen, was den Anfang des hypothetisch-deduktiven oder formalen Denkens darstellt.

## 1. Die Kombinatorik

Das erste Ergebnis dieser Ablösung des Denkens von den Gegenständen ist, daß die Beziehungen und Klassifizierungen von ihren konkreten oder anschaulichen Bezügen befreit werden. Bis dahin waren die einen wie die anderen dieser Bedingung wesentlich konkreter Natur unterworfen, so daß sie Schritt für Schritt, über abgestufte Ähnlichkeiten, vorgehen mußten; nicht einmal in einer zoologischen Klassifizierung (denn diese bleiben auf der Stufe der «Gruppierung») kann man zwei nicht benachbarte Klassen, etwa die Auster und das Kamel, herausgreifen, um sie zu einer neuen «natürlichen» Klasse zu vereinigen. Mit der Befreiung der Form von ihrem Inhalt wird es nun möglich, beliebige Beziehungen und beliebige Klassen aufzubauen, indem man irgendwelche Elemente 1 zu 1 oder 2 zu 2 oder 3 zu 3 usw. miteinander zusammenfaßt. Diese Verallgemeinerung der Klassifizierungs- oder Beziehungsoperationen führt zu dem, was man eine *Kombinatorik* (Kombinationen, Permutationen usw.) nennt, deren einfachste Operationen die Kombinationen im engeren Sinne des Wortes oder die Klassifikation aller Klassifikationen sind.

Diese Kombinatorik ist nun von erstrangiger Bedeutung für die Ausweitung und Verstärkung der Denkfähigkeiten, denn sobald sie einmal ausgebildet ist, ermöglicht sie es, Gegenstände oder Faktoren (physische usw.) oder auch Ideen oder Aussagen (was eine neue Logik zur Folge hat) miteinander zu kombinieren und folglich in jedem Fall über die gegebene Wirklichkeit (einen Ausschnitt der physischen Wirklichkeit oder eine auf Faktoren beruhende Erklärung oder auch eine Theorie in der einfachen Form eines Systems von untereinander verbundenen Aussagen) nachzudenken, indem man diese Wirklichkeit nicht mehr in ihren begrenzten und konkreten Aspekten, sondern aufgrund einer beliebigen Zahl oder aller möglichen Kombinationen betrachtet, was die deduktiven Fähigkeiten der Intelligenz beträchtlich verstärkt.

## 2. Kombinationen von Gegenständen

Was die Kombinationen von Gegenständen betrifft, kann man das Kind zum Beispiel auffordern, farbige Spielmarken zu zweien, zu dreien usw. miteinander zu kombinieren oder sie in den verschiedenen möglichen Reihenfolgen zu permutieren. Man sieht dann, daß diese Kombinationen usw. auf der Stufe der konkreten Operationen immer unvollständig bleiben, weil das Kind Schritt für Schritt vorgeht, ohne zu verallgemeinern. Später aber (mit 12 Jahren bei den Kombinationen, kurze Zeit nachher bei den Permutationen), in der

Voradoleszenz, gelingt es ihm ohne weiteres, eine erschöpfende Methode zu finden, ohne natürlich die Formel zu entdecken (was man nicht von ihm verlangt), aber indem es ein System entwickelt, das alle Möglichkeiten berücksichtigt[1].

### 3. Aussage-Kombinationen

Wir wollen erst im Abschnitt IV von der Kombination der Faktoren sprechen. Was die Ideen oder Aussagen angeht, muß man sich unbedingt an die moderne symbolische oder algorithmische Logik halten, die der tatsächlichen Denkarbeit viel näher steht als die aristotelische Syllogistik[2].

[1] Ebenso legt man ihm fünf Flaschen $A - E$ vor, die nur ungefärbte Flüssigkeiten enthalten. Werden aber $A$, $C$ und $E$ miteinander gemischt, so entsteht eine gelbe Farbe, die durch $B$ entfärbt wird, während $D$ reines Wasser enthält (B. Inhelder und J. Piaget, De la logique de l'enfant à la logique de l'adolescent, Presses Universitaires de France, 1955). Die Autoren haben – zusammen mit G. Noelting – dem Kind einfach die Aufgabe gestellt, die Farbe, nachdem es sie gesehen hat (aber nicht, wie sie zustande gekommen ist), durch eine adäquate Kombination neu herzustellen und die Rollen von $B$ und $D$ zu beschreiben. Auf der Stufe von 7 bis 11 Jahren geht das Kind im allgemeinen so vor, daß es jeweils zwei Flaschen mischt und dann gleich einen Versuch mit allen fünf macht. Von durchschnittlich 12 Jahren an geht es hingegen methodisch vor, indem es alle möglichen Verbindungen von 1, 2, 3, 4 und 5 Elementen ausprobiert und so das Problem löst.

[2] p sei eine Aussage, p̄ ihre Negation, q eine andere Aussage und q̄ deren Negation. Man kann sie multiplikativ gruppieren, also p · q (zum Beispiel: dieses Tier ist ein Schwan und ist weiß), p̄ · q (dieses Tier ist kein Schwan, aber es ist weiß), nicht p · q̄ (dieses Tier ist ein Schwan, aber nicht weiß) und p̄ · q̄ (dieses Tier ist kein Schwan und nicht weiß). Das ist noch keine Kombinatorik, sondern eine einfache multiplikative «Gruppierung», die von 7 bis 8 Jahren an möglich ist (siehe viertes Kapitel, Abschnitt I, 4). Von diesen 4 multiplikativen Assoziationen kann man hingegen 16 Kombinationen ableiten, indem man 0, je 1, je 2, je 3 oder alle 4 aufs Mal nimmt. Wenn das Zeichen · die Konjunktion und das Zeichen v die Disjunktion bedeutet, so gibt es nämlich: 1. p · q, 2. p · q̄, 3. p̄ · q, 4. p̄ · q̄, 5. p · q v p̄ · q̄, 6. p · q̄ v p̄ · q, 7. p · q v p · q̄, 8. p · q v p̄ · q usw., also 1 Assoziation zu 0, 4 zu 1, 6 zu 2, 4 zu 3 und 1 zu 4 Assoziationen. Nun bilden diese 16 Kombinationen (oder 256 bei 3 Aussagen usw.) neue, lauter verschiedene Operationen, die man «Aussage»-Operationen nennen kann, weil sie die Aussagen nur unter dem Gesichtspunkt ihrer Wahrheit oder ihrer Unwahrheit kombinieren. Wenn zum Beispiel die vier oben angegebenen

Es versteht sich von selbst, daß ein 12 bis 15 Jahre altes Kind deren Gesetzmäßigkeiten nicht entdeckt, so wenig es die Formel für die Kombinationen sucht, um Spielmarken zu kombinieren. Bemerkenswert ist aber, daß es auf der Stufe, auf der es fähig wird, mit einer erschöpfenden und systematischen Methode Gegenstände zu kombinieren, auch schon imstande ist, Ideen oder Hypothesen in der Form von Affirmationen oder Negationen zu kombinieren und so Aussage-Operationen zu benützen, die es bisher nicht kannte: die Implikation (wenn ... dann), die Disjunktion (oder ... oder auch ...; oder beide), die Ausschließung (entweder ... oder), die Unvereinbarkeit (weder ... noch ...), die reziproke Implikation usw.

Assoziationen alle wahr sind, bedeutet das, daß es keine notwendige Beziehung zwischen den Schwänen und der Weißheit gibt. Doch vor der Entdeckung der schwarzen Schwäne in Australien hätte man gesagt, die Assoziation $p \cdot \bar{q}$ sei falsch: geblieben wären $p \cdot q$, $\bar{p} \cdot q$ und $\bar{p} \cdot \bar{q}$, das heißt eine Implikation (Schwan impliziert Weißheit), denn wenn es ein Schwan ist, so ist er weiß, aber ein Gegenstand kann weiß sein, ohne Schwan zu sein ($\bar{p} \cdot q$), oder weder das eine noch das andere sein ($\bar{p} \cdot \bar{q}$).
Wir wollen anmerken, daß solche Aussage-Operationen nicht nur eine neue Art und Weise sind, die Tatsachen festzuhalten: sie bilden im Gegenteil eine wirkliche Logik, und zwar eine sehr viel reichere Logik als die der konkreten Operationen. Einerseits ermöglichen nur sie ein formales Durchdenken verbal ausgesprochener Hypothesen, wie es bei jeder gewichtigeren Diskussion und in jeder kohärenten Abhandlung der Fall ist. Zweitens lassen sie sich auf die experimentellen und physikalischen Fakten anwenden, wie wir in den Abschnitten III und IV sehen werden, und sie allein ermöglichen eine Auflösung in Faktoren (Kombinatorik), also die Ausschließung falscher Hypothesen (Abschnitt IV), und die Ausbildung komplexer erklärender Schemata (Abschnitt III). Drittens stellen sie wirklich eine Weiterführung und eine Verallgemeinerung der konkreten Operationen dar, die für sich allein genommen unvollständig sind, denn eine Kombinatorik ist nichts anderes als eine Klassifizierung von Klassifizierungen, und die Gruppe der beiden Reversibilitäten (Abschnitt II) ist nichts anderes als die Synthese aller Gruppierungen: die Aussage-Operationen sind also tatsächlich Operationen «im Quadrat», die sich aber auf konkrete Operationen erstrecken (denn jede Aussage bildet ihrem Inhalt nach schon das Ergebnis einer konkreten Operation).

# II. Die «Gruppe» der beiden Resersibilitäten

Die Befreiung der formalen Denkmechanismen von ihrem Inhalt führt nicht nur, wie wir gesehen haben, zur Ausbildung einer Kombinatorik, sondern auch zu einer ziemlich grundlegenden Struktur, die gleichzeitig die Synthese der früheren «Gruppierungs»strukturen und den Ausgangspunkt einer Reihe neuer Fortschritte darstellt.

Die Gruppierungen der konkreten Operationen, die wir im Abschnitt II des vierten Kapitels in den großen Linien nachgezeichnet haben, gehören zwei verschiedenen Gattungen an und zeugen von zwei grundlegenden Formen der Reversibilität, die – auf der Stufe von 7 bis 11 Jahren – das Ergebnis einer langen Entwicklung sind, die ausgeht von den senso-motorischen Schemata und den präoperativen vorstellungsmäßigen Regulierungen.

Die erste dieser Reversibilitätsformen ist die *Inversion* oder Negation mit der Eigenschaft, daß die umgekehrte Operation, wenn sie mit der zugeordneten direkten Operation zusammengefaßt wird, null ergibt: $+A - A = 0$. Die Negation gehört nun aber zu den ursprünglichsten Verhaltensweisen: schon ein Kleinkind kann einen Gegenstand vor sich hinstellen und dann wegnehmen; sobald es sprechen kann, ist es imstande «nein» zu sagen, vielleicht noch bevor es «ja» sagt usw. Auf der Stufe der ersten präoperativen Klassifizierungen vermag es bereits einen Gegenstand mit anderen zusammenzufassen oder von anderen wegzunehmen usw. Die Verallgemeinerung und insbesondere die genaue Strukturierung solcher Inversions-Verhaltensweisen kennzeichnen nun die ersten Operationen mit ihrer strengen Reversibilität. Dazu gehört auch die Inversion der Klassen-«Gruppierungen», sowohl der additiven (Auslassung eines Gegenstandes oder eines Systems von Gegenständen) wie der multiplikativen (die Umkehrung der Multiplikation zweier Klassen ist die «Abstraktion» oder Auslassung einer Unterteilung[3]).

Die zweite Reversibilitätsform ist die *Reziprozität* oder Symmetrie mit der Eigenschaft, daß die Ausgangsoperation, wenn sie mit der

3 Die weißen Amseln zum Beispiel sind, wenn man von ihrer Weißheit abstrahiert, immer noch Amseln.

reziproken Operation zusammengefaßt wird, zu einer Äquivalenz führt. Wenn zum Beispiel die Ausgangsoperation darin besteht, einen Unterschied zwischen $A$ und $B$ in der Form $A < B$ einzuführen, und die reziproke Operation darin besteht, diesen Unterschied aufzuheben oder in der Gegenrichtung zu durchlaufen, so gelangt man zur Äquivalenz $A = A$ (oder, falls $A \leq B$ und $B \geq A$, dann $A = B$). Die Reziprozität ist die Form der Reversibilität, die die Relations-Gruppierungen kennzeichnet, aber auch sie stammt von viel früheren Verhaltensweisen in Form von Symmetrien ab. Es gibt beispielsweise räumliche, wahrnehmungsmäßige oder vorstellungsmäßige Symmetrien, motorische Symmetrien usw. Auf der Stufe der präoperativen vorstellungsmäßigen Regulierungen wird ein Kind sagen, eine Kugel, die man in eine Wurst verwandelt hat, enthalte jetzt mehr Teig, weil sie länger sei, doch wenn man die Wurst immer länger macht, so kommt es durch (regulative und nicht operative) Reziprozität auf den Gedanken, sie enthalte weniger Teig, weil sie zu dünn sei.

Doch auf der Stufe der Gruppierungen von konkreten Operationen beherrschen diese beiden möglichen Formen der Reversibilität jede ihren Bereich, nämlich die Systeme der Klassen und der Relationen, ohne daß ein Gesamtsystem aufgebaut wird, das es ermöglichen würde, deduktiv von einem Gruppierungsganzen zum anderen überzugehen und inverse und reziproke Transformationen zwischen ihnen zu schaffen. Mit anderen Worten, die Strukturen der konkreten Operationen, so sehr sie auch – verglichen mit den präoperativen Regulierungen – einen Fortschritt bedeuten mögen, bleiben unvollständig oder unvollendet, und wir haben bereits gesehen, wie die Erfindung der Kombinatorik eine ihrer Lücken auszufüllen ermöglicht.

In bezug auf die Zusammenfassung der Inversionen und der Reziprozitäten zu einem einzigen System kommt es zu einer analogen Erwerbung, die im übrigen der vorhergehenden entspricht. Einerseits bewirkt die Ablösung der formalen Mechanismen, die sich von ihren Inhalten befreien, ganz natürlich, daß sich das Kind von den früheren Schritt-für-Schritt-Gruppierungen freimacht und Inversionen und Reziprozitäten zu kombinieren versucht. Andererseits überzieht die Kombinatorik die elementaren Operationen mit einem neuen System von Operationen über die Operationen oder Aussage-Operationen (deren Inhalt aus Klassen-, Relations- und Zahlenoperationen besteht, während ihre Form eine Kombinatorik darstellt): daraus ergibt sich, daß die neuen Operationen, weil sie kombinatorisch sind, alle Kombinationen, einschließlich eben die Inversionen und die Reziprozitäten, beinhalten.

Doch die Schönheit des neuen Systems, die sich dann aufdrängt und seinen Synthese- oder Abschlußcharakter beweist (bevor es selbstverständlich in umfassendere Systeme integriert wird), besteht eben darin, daß die Inversionen und die Reziprozitäten nicht einfach nebeneinandergestellt werden, sondern operativ zu einem einzigen Ganzen verschmelzen, so daß jede Operation von jetzt ab *gleichzeitig* die inverse einer anderen und die reziproke einer dritten ist, was vier Transformationen ergibt: direkte, inverse, reziproke und invers reziproke, wobei diese letztere zugleich korrelativ (oder dual) zur ersten ist.

Nehmen wir als Beispiel die Implikation p ⊃ q, und versetzen wir uns in die Versuchssituation eines 12- bis 15jährigen Kindes, das versucht, die Beziehungen zwischen Phänomenen zu finden, die es nicht kennt, die es aber mit Hilfe der neuen Aussage-Operationen, über die es jetzt verfügt, und nicht durch zufällige tastende Versuche analysiert. Nehmen wir an, es sehe, daß ein Fahrzeug sich mehrmals bewegt und dann anhält, wobei dieses Anhalten mit dem Anzünden einer Lampe verbunden zu sein scheint. Die erste Hypothese, die es sich zurechtlegt, besagt, daß das Licht die Ursache (oder das Anzeichen der Ursache) für das Anhalten sei: also p ⊃ q (Licht impliziert Anhalten). Es gibt nur ein Mittel, um diese Hypothese zu prüfen: nachweisen, ob die Lampe auch dann brennt, wenn das Fahrzeug nicht anhält: also p · q̄ (inverse Operation oder Negation von p ⊃ q). Das Kind kann sich aber auch fragen, ob das Anzünden, anstatt das Anhalten zu bewirken, nicht durch das Anhalten ausgelöst werde, also q ⊃ p, somit das Reziproke und nicht mehr das Inverse von p ⊃ q. Um q ⊃ p (Anhalten impliziert Licht) zu überprüfen, sucht das Kind das Gegenbeispiel, das heißt, ob das Fahrzeug auch anhält, wenn die Lampe nicht brennt: p̄ · q (invers zu q ⊃ p, das es, falls es vorkommt, folglich ausschließen wird). Nun ist p̄ · q das Inverse von q ⊃ p und gleichzeitig korrelativ zu p ⊃ q, denn wenn das Fahrzeug zwar bei jedem Anzünden anhält (p ⊃ q), kann es immer noch anhalten, wenn die Lampe *nicht* brennt. Ebenso ist p · q̄, welches das Inverse zu p ⊃ q ist, auch korrelativ zu q ⊃ p, denn wenn zwar die Lampe immer brennt, wenn das Fahrzeug anhält (q ⊃ p), kann sie immer noch brennen, wenn das Fahrzeug nicht anhält. Außerdem: wenn q ⊃ p das Reziproke von p ⊃ q ist, dann ist auch p̄ · q das Reziproke von p · q̄.

Man ersieht daraus, daß das Kind, ohne irgendeine logische Formel oder die Formel der «Gruppen» im mathematischen Sinne zu kennen (so wenig das Kleinkind sie kennt, wenn es die praktische Gruppe der Ortsveränderungen entdeckt), im Alter von 12 bis 15 Jahren fähig ist, Transformationen nach den vier Möglichkeiten $I$ (identische Transformation), $N$ (inverse), $R$ (reziproke) und $C$ (korrelative) durchzuführen, also im Falle von p ⊃ q:

$$I = p \supset q; N = p \cdot \bar{q}; R = q \supset p; C = \bar{p} \cdot q.$$

Nun ist $N = RC; R = NC; C = NR$ *und* $I = NRC$[4], was eine Gruppe von vier Transformationen darstellt, die die Inversionen und die Reziprozitäten in ein und demselben System zusammenfaßt und dadurch die Synthese der bis dahin auf der Stufe der konkreten Operationen aufgebauten Teilstrukturen verwirklicht.

## III. Die formalen operativen Schemata

Ungefähr mit 11 bis 12 Jahren tritt eine Reihe von neuen operativen Schemata auf, deren fast gleichzeitige Ausbildung auf eine Beziehung untereinander hinzuweisen scheint, deren strukturelle Verwandtschaft unter dem Gesichtspunkt des Bewußtseins des Kindes aber nicht zu erkennen ist: so die Proportionsbegriffe, die doppelten Bezugssysteme, das Verstehen eines hydrostatischen Gleichgewichts, gewisse Wahrscheinlichkeitsformen usw.

Die Analyse zeigt nun, daß jedes dieser Schemata entweder (aber sel-

[4] Das bedeutet, daß $N = (p \cdot q)$ das Reziproke $R$ von $C = (\bar{p} \cdot q)$; daß $R = (q \cdot p)$ das Inverse $N$ der Korrelation $(p \cdot q)$ ist usw.

ten allein) eine Kombinatorik oder, vor allem, ein System von vier Transformationen enthält, das sich von der oben genannten Vierergruppe ableitet und damit deren allgemeine Verbreitung zeigt, obwohl sich natürlich der einzelne Mensch der Existenz dieser Struktur als solcher nicht bewußt ist.

## 1. Die Proportionen

Die Beziehung zwischen der mathematischen Vierergruppe und den numerischen oder metrischen Proportionen ist bekannt. Nicht so bekannt war, bevor die Entwicklung der Logik beim Kind untersucht wurde, einerseits die Vierergruppe als aussagen-verbindende Struktur und andererseits die Tatsache, daß der Proportionsbegriff immer in einer qualitativen und logischen Form beginnt, bevor er sich quantitativ strukturiert.

Der Proportionsbegriff tritt im Alter von 11 bis 12 Jahren auf sehr verschiedenen Gebieten und immer in derselben, ursprünglich qualitativen Form auf. Solche Bereiche sind unter anderen: die räumlichen Proportionen (ähnliche Figuren), die metrischen Geschwindigkeiten ($e/t = ne/nt$), die Wahrscheinlichkeiten ($x/y = nx/ny$), die Beziehung zwischen Gewicht und Länge der Waagebalken usw.

Bei der Waage zum Beispiel stellt der Prüfling zunächst auf ordinalem Wege fest, daß sich der Balken, je größer das Gewicht wird, um so stärker senkt und von der Gleichgewichtslinie entfernt. Diese Feststellungen lassen ihn eine lineare Funktion entdecken und machen ihm eine erste Gleichgewichtsbedingung verständlich (gleiches Gewicht in gleichem Abstand von der Mitte). Ebenso entdeckt er auf ordinalem Wege, daß ein und dasselbe Gewicht $P$ den Balken um so mehr senkt, je mehr man es vom Mittelpunkt der Waage entfernt: auch daraus leitet er eine lineare Funktion und die Feststellung ab, daß zwei gleiche Gewichte im Gleichgewicht sind, wenn die Entfernungen L, so groß sie auch seien, beidseitig vom Mittelpunkt gleich sind. Die umgekehrte Proportionalität zwischen Gewicht und Länge wird ebenfalls durch eine qualitative Bezugsetzung zwischen den beiden anfänglich ordinalen Funktionen entdeckt. Das Verständnis setzt dann ein, wenn das Kind wahrnimmt, daß die Resultate immer dann äquivalent sind, wenn es auf der einen Seite das Gewicht vergrößert, ohne die Länge zu verändern, und auf der anderen Seite die Länge vergrößert, ohne das Gewicht zu verändern: es leitet dann daraus die Hypothese ab (die es ordinal überprüft), daß das Gleichgewicht, geht man von zwei gleichen Gewichten in gleicher Entfernung vom Mittelpunkt aus, erhalten bleibt, falls man das Gewicht verringert, aber weiter von der Mitte entfernt, oder das Gewicht vergrößert, aber näher zur Mitte rückt. Dann, und erst dann, kommt das Kind auf die einfachen metrischen Proportionen $\frac{P}{L} = \frac{2P}{2L}$ usw., aber es entdeckt sie nur von der beschriebenen qualitativen Proportion aus, die man folgendermaßen formulieren kann: Das Gewicht verringern und die Länge vergrößern ist äquivalent mit: das Gewicht vergrößern und die Länge verringern[5].

## 2. Doppelte Bezugssysteme

Dasselbe gilt für die doppelten Bezugssysteme. Bewegt sich eine Schnecke auf einem Brettchen in der einen oder der anderen Richtung fort und wird das Brettchen selbst im Vergleich zu einem äußeren Bezugspunkt vor- oder rückwärts verschoben, so versteht zwar das Kind schon auf der Stufe der konkreten Operationen diese beiden Paare von direkten oder inversen Operationen, aber es vermag sie

---

[5] Man stellt so fest, daß das Schema der Proportionalität direkt von der Vierergruppe abgeleitet ist. Das Kind geht von zwei Transformationen aus, von denen jede eine Inversion enthält: das Gewicht oder die Länge vergrößern oder verkleinern (also $+ P$ und $+ L$); dann entdeckt es, daß die Inversion des einen (Verkleinerung des Gewichts: $- P$) durch die Inversion des anderen (Verkleinerung der Länge: $- L$) ersetzt werden kann, die somit nicht identisch ist mit der ersten Inversion, aber durch Kompensation und nicht durch Aufhebung zum selben Ergebnis führt: wenn $+ P$ als die Ausgangsoperation ($I$) betrachtet wird und $- P$ als die Inversion ($N$), dann ist $- L$ das Reziproke ($R$) von $+ P$ und $+ L$ seine Korrelation ($C$). Aufgrund der Tatsache, daß es zwei Paare von direkten und inversen Transformationen und eine Äquivalenz- (aber nicht Identitäts-) Beziehung gibt, leitet sich das System der Proportionen in der Form $I/R = C/N$ (daher die Produkte $IN = RC$) von der Quaternalität ab.

nicht miteinander zu verbinden und zum Beispiel zu antizipieren, daß die Schnecke, obwohl sie vorwärtskriecht, in bezug auf den äußeren Punkt an Ort und Stelle bleiben kann, weil die Bewegung des Brettchens die des Tieres kompensiert, ohne sie aufzuheben: sobald die Viererstruktur erworben ist, macht die Lösung keine Schwierigkeiten mehr, weil diese Kompensierung ohne Aufhebung, die die Reziprozität $R$ ist, wirksam wird. Diesmal gilt also $I \cdot R = N \cdot C$ (wo $I$ zum Beispiel die Bewegung der Schnecke nach rechts, $R$ die Bewegung des Brettchens nach links, $N$ die Bewegung der Schnecke nach links und $C$ die Bewegung des Brettchens nach rechts ist).

### 3. Hydrostatisches Gleichgewicht

In einer U-förmigen hydraulischen Presse bringt man auf der einen Seite einen Kolben an, dessen Gewicht man vergrößern oder verkleinern kann, was den Flüssigkeitsstand auf der anderen Seite verändert; zudem kann man das spezifische Gewicht der Flüssigkeit (Alkohol, Wasser oder Glyzerin) verändern, die dann um so höher steigt, je geringer ihre Dichte ist. Hier fällt es dem Kind schwer zu begreifen, daß das Gewicht der Flüssigkeit dem Gewicht des Kolbens entgegenwirkt als eine seiner Aktion entgegengesetzte Reaktion. Interessanterweise wird diese Reaktion oder dieser Widerstand der Flüssigkeit bis in ein Alter von ungefähr 9 oder 10 Jahren nicht verstanden, sondern das Kind meint, daß sich das Gewicht der Flüssigkeit zum Gewicht des Kolbens hinzufügt und in derselben Richtung wirkt. Auch hier wieder wird der Mechanismus erst aufgrund der Viererstruktur begriffen: ist $I =$ die Vergrößerung des Kolbengewichts und $N =$ seine Verringerung, dann ist die Vergrößerung des spezifischen Gewichts der Flüssigkeit reziprok ($R$) im Verhältnis zu $I$ und seine Verringerung eine Korrelation ($C$).

Ein grundlegendes System von operativen Schemata, die durch die formalen Operationen ebenfalls möglich gemacht werden, sind die Wahrscheinlichkeitsbegriffe, die aus einer Assimilation des Zufalls durch diese Operationen resultieren. Um zum Beispiel die Wahrscheinlichkeit von Zweier- oder Dreiergruppen beurteilen zu können, die aus einer Urne mit 15 roten, 10 blauen, 8 grünen Kugeln usw. gelost werden, muß man zu Operationen befähigt sein, von denen mindestens zwei auf der jetzigen Stufe vorhanden sind: eine Kombinatorik, die es ermöglicht, alle zwischen den verwendeten Elementen möglichen Assoziationen zu berücksichtigen; und ein wenn auch noch so elementares Proportionen-Kalkül, das verständlich macht (was Kinder früherer Stufen nicht begreifen), daß Wahrscheinlichkeiten wie 3/9 oder 2/6 untereinander gleich sind. Deshalb werden solche kombinatorische Wahrscheinlichkeiten und Begriffe wie Fluktuation, Korrelation oder gar wahrscheinliche Kompensationen erst in einem Stadium verstanden, das mit 11 bis 12 Jahren beginnt. Es ist in dieser Hinsicht besonders eindrücklich, wie spät das «Gesetz der großen Zahlen» eingesehen wird. Kinder finden sich nur bis zu einer bestimmten Grenze (man könnte sie die «kleinen großen Zahlen» nennen) damit ab, eine Vereinheitlichung der Verteilungen vorauszusehen.

## IV. Die Induktion der Gesetze und die Trennung der Faktoren

Die Aussage-Operationen sind natürlich noch mehr als die «konkreten» Operationen an eine ausreichend genaue und bewegliche Beherrschung der Sprache gebunden, denn um mit Aussagen und Hypothesen umzugehen, muß man sie verbal miteinander kombinieren können. Es wäre aber ein Irrtum sich vorzustellen, daß sich nur die intellektuellen Fortschritte des jungen Menschen in der Voradoleszenz oder Adoleszenz durch diese Verbesserung der Sprache bemerkbar machen. Die in den früheren Abschnitten ausgewählten Beispiele zeigen bereits, daß sich die Effekte der Kombinatorik und der doppelten Reversibilität in der Erwerbung des Wirklichen ebenso nachhaltig erkennen lassen wie in der Formulierung.

Es gibt aber einen bemerkenswerten Aspekt im Denken dieser Periode, den man zu wenig beachtet hat, weil die üblichen Schulsysteme seine Pflege fast vollständig vernachlässigen (zum Schaden der technischen und wissenschaftlichen Anforderungen der modernen Gesellschaft): die spontane Ausbildung einer Experimentierfreudigkeit, die auf der Stufe der konkreten Operationen noch nicht möglich ist, die aber dank der Kombinatorik und den Aussage-Strukturen von jetzt ab den jungen Menschen erfüllt, sofern man ihm die Gelegenheit dazu gibt. Drei Beispiele dafür:

### 1. Die Elastizität

Die Technik, die einer der Autoren angewandt hat, bestand darin, daß man den Kindern physikalische Vorrichtungen vorlegte, und sie mußten dann die Gesetze entdecken, die beim Funktionieren mitspielen. Doch die Situationen werden so gewählt, daß mehrere mögliche Faktoren mitwirken, und darunter gilt es jene auszusuchen, die wirklich wichtig sind. Sobald das Kind diese mehr oder weniger komplexe Induktion einmal ausgeführt hat, verlangt man von ihm, daß es in den Einzelheiten den Beweis für seine Aussagen und insbesondere den Beweis für die positive oder fehlende Rolle eines jeden der spontan aufgezählten Faktoren liefert. Man kann dann, wenn man nacheinander das induktive Verhalten und das Beweisverhalten beobachtet, beurteilen, ob das Kind eine befriedigende experimentelle Methode findet, indem es die Faktoren auseinanderhält und sie unabhängig voneinander, unter Ausschaltung der anderen, variiert.

Man gibt zum Beispiel dem Kind eine Anzahl Metallstäbe, die es selbst an einem Ende festmachen kann, und seine Aufgabe besteht nun darin, die Gründe für ihre unterschiedliche Biegsamkeit zu finden. Bei diesem Material spielen die folgenden Faktoren mit: die Länge der Stäbe, ihre Dicke, die Form des Querschnitts und das Metall, aus dem sie bestehen (hier Stahl und Messing, die sich in ihrem Elastizitätsmodul ziemlich unterscheiden). Auf der Stufe der konkreten Operationen versucht das Kind gar nicht erst, sich eine Liste der Faktoren zusammenzustellen, sondern es geht sogleich mit Aneinanderreihungs- und Zuordnungsmethoden zur Tat über: ob die Stäbe mit zunehmender Länge immer biegsamer werden usw. Falls zwei Faktoren mitwirken, wird der zweite seinerseits durch dieselbe Methode analysiert, aber ohne systematische Unterscheidung.

Was den Versuch selbst betrifft, sieht man noch 9- bis 10jährige Kinder, die einen langen und dünnen und einen kurzen und dicken Stab auswählen, um die Rolle der Länge zu beweisen, denn so, sagte einmal ein Knabe von $9^{1}/_{2}$ Jahren, «sieht man den Unterschied besser»! Von 11 bis 12 Jahren an hingegen (das Gleichgewicht wird mit 14 bis 15 Jahren erreicht) stellt der Prüfling nach einigen tastenden Versuchen eine Liste möglicher Faktoren auf, die er einen nach dem anderen studiert, wobei er sie klar auseinanderhält, das heißt, er variiert einen einzelnen Faktor und läßt im übrigen alles gleich: er wählt zum Beispiel zwei Stäbe von gleicher Breite, gleichem Querschnitt (quadratisch, rechteckig oder rund) und aus gleichem Metall und variiert nur die Länge. Diese Methode, die sich um 13 bis 14 Jahre verallgemeinert, ist um so bemerkenswerter, als sie von keinem der bis jetzt untersuchten Kinder gelernt wurde.

Da sie nicht in der Schule übermittelt wird (und auch wenn sie das würde, müßte sie durch die notwendigen logischen Werkzeuge assimiliert werden), so muß sie sich direkt aus den Strukturen der Aussage-Operationen ableiten. Und das ist auch der Fall. Einerseits setzt die Trennung der Faktoren ganz allgemein eine Kombinatorik voraus: sie einzeln (das genügt hier, wo alle eine positive Rolle spielen) zu zweien usw. variieren.

Andererseits reichen in einem komplexen System von Einflüssen die konkreten Operationen wie Klassifizierungen, Aneinanderreihungen, Zuordnungen, Maße usw. nicht aus, sondern es müssen diese neuen Beziehungen wie Implikationen, Disjunktionen, Ausschließungen usw. eingeführt werden, die sich von den Aussage-Operationen ableiten und die eine Kombinatorik und Inversions- und Reziprozitätskoordinierungen (Vierergruppe) voraussetzen.

## 2. Das Pendel

Ein zweites Beispiel macht diese unvermeidliche logische Komplexität verständlich, sobald das Experiment ein Gemisch von *wirklichen* und von *scheinbaren* Faktoren ins Spiel bringt (nicht umsonst hinkte die Experimentalphysik der Mathematik und der Logik zwanzig Jahrhunderte hintennach). Es handelt sich um ein Pendel, bei dem man die Schwingungsfrequenz variieren kann, indem man die Fadenlänge verändert, während das am Fadenende befestigte Gewicht, die Fallhöhe und der Anfangsschwung keine Rolle spielen. Auch hier variieren Kinder von der Stufe der konkreten Operationen alles gleichzeitig, und weil sie (wie übrigens fast alle Erwachsenen ohne physikalische Kenntnisse) davon überzeugt sind, daß die Veränderung des Gewichts eine Rolle spiele, gelingt es ihnen nicht oder nur schwer, es auszuschließen, denn wenn sie gleichzeitig die Länge des Fadens und das Gewicht verändern, finden sie im allgemeinen gute (in ihren Augen) Gründe für ihre Meinung. Der junge Mensch in der Voradoleszenz hingegen, der die Faktoren, wie wir im I. Abschnitt gesehen haben, auseinanderhält, stellt fest, daß das Gewicht variieren kann, ohne daß die Schwingungsfrequenz verändert wird, und umgekehrt, wodurch der Faktor Gewicht ausgeschlossen wird; dasselbe gilt für die Fallhöhe und den Schwung, den er dem Pendel am Anfang geben kann[6].

6 *Erhaltung der Bewegung.* – Es ist unnötig, weitere Tatsachen gleicher Art aufzuzählen, aber wir möchten, ohne die Proportionen verwischen zu wollen, noch darauf hinweisen, daß die Anfänge der experimentellen Induktion zu Gedankengängen führen, die denen der Anfänge der galileischen Physik analog sind. Aristoteles faßte die Induktion als eine einfache erweiternde Verallgemeinerung auf, so daß er seine Physik nicht so weit wie seine Logik zu entwickeln vermochte (er bleibt beim Begriff der Geschwindigkeit bei rein konkreten Operationen). Die Empiristen sind ihm dabei gefolgt, indem sie in der Induktion die einfache Aufzeichnung der erfahrungsmäßigen Tatsachen sehen, ohne die grundlegende Rolle zu begreifen, die die logisch-mathematischen Operationen und insbesondere die formalen Strukturen auf den Stufen, mit denen wir uns hier befassen, bei der Strukturierung des Wirklichen spielen. Diese Strukturierung kann ohne weiteres so weit gehen, daß gewisse Kinder (wir sagen nicht alle, aber wir haben mehrere beobachtet) sogar jene Form der Erhaltung ahnen, die im reinen Zustand unmöglich in den Tatsachen festzustellen ist: das Trägheitsprinzip, ein deduktives und theoretisches Interpretationsmodell.

# v. Die affektiven Transformationen

Man hat lange geglaubt, die affektiven Entwicklungen, die für die Adoleszenz bezeichnend sind und die schon in der Phase zwischen 12 und 15 Jahren vorbereitet werden, seien vor allem angeborene und sozusagen instinktive Mechanismen. Das meinen noch viele Psychoanalytiker, wenn sie diese Stufen durch die Hypothese einer Erneuerung des Ödipuskomplexes interpretieren. In Wirklichkeit spielen soziale Faktoren (im zweifachen Sinn von Sozialisierung und kultureller Übermittlung) eine viel wichtigere Rolle, und sie werden, mehr als man angenommen hatte, durch die intellektuellen Transformationen gefördert, von denen wir eben gesprochen haben.

Der wesentliche Unterschied zwischen dem formalen Denken und den konkreten Operationen besteht nämlich darin, daß die Operationen auf das Wirkliche zentriert sind, während das Denken die möglichen Transformationen erfaßt und das Wirkliche nur aufgrund dieser bildhaften oder abgeleiteten Abläufe assimiliert. Diese Veränderung der Perspektive ist unter dem affektiven Gesichtspunkt ebenso grundlegend wie unter dem kognitiven, denn die Welt der Werte kann ebenfalls innerhalb der Grenzen der konkreten und wahrnehmbaren Wirklichkeit bleiben oder aber sich im Gegenteil für alle interindividuellen oder sozialen Möglichkeiten öffnen.

Die Adoleszenz (15 bis 18 Jahre) ist das Alter, in dem sich das Individuum in die erwachsene Gesellschaft einfügt, und zwar sehr viel mehr als die Pubertät (derzeit ungefähr 13 Jahre bei den Mädchen und 15 Jahre bei den Knaben). Die Voradoleszenz ist gekennzeichnet durch eine Beschleunigung des physiologischen und somatischen

Diese Kinder stellen, wenn sie die Bewegungen verschiedener Kugeln von veränderlichem Gewicht und Volumen auf einer horizontalen Ebene analysieren, fest, daß das Anhalten dieser Kugeln eine Funktion des Luftwiderstandes, der Reibung usw. ist: wenn $p$ die Aussage «Anhalten», $q, r, s \ldots$ die mitwirkenden Faktoren (und v das Symbol der Disjunktion) sind, so gilt: $(p) \supset (q \vee r \vee s \ldots)$. Sie schließen daraus, daß die Kugeln nicht mehr anhalten, wenn diese Faktoren ausgeschaltet werden: $(\bar{p}.\bar{r}.\bar{s}. \ldots) \supset \bar{p}$. Das ist im Ansatz ein anschauliches Verständnis der Trägheitsbewegung, das nur der Reversibilität der entstehenden Aussage-Operationen zu verdanken ist.

Wachstums und gleichzeitig durch jene Öffnung der Werte für neue Möglichkeiten, auf die sich der junge Mensch bereits vorbereitet, weil er sie dank seinen neuen deduktiven Werkzeugen zu antizipieren vermag.

Man muß nämlich darauf hinweisen, daß jede neue geistige Struktur, wenn sie die früheren integriert, das Individuum zum Teil von seiner Vergangenheit zu befreien und neue Aktivitäten in Gang zu setzen vermag, die auf der neuen Stufe grundsätzlich auf die Zukunft gerichtet sind. Die klinische Psychologie und vor allem die Psychoanalyse sehen in der Affektivität oft nur ein Spiel von Wiederholungen und Analogien mit der Vergangenheit (Erneuerung des Ödipuskomplexes oder des Narzißmus usw.). A. Freud[7] und E. Erikson[8] haben die «aufeinanderfolgenden Identifikationen» mit den Älteren betont, die als Vorbilder dienen und von kindlichen Verhaltensweisen befreien, übrigens unter der Gefahr einer «Identitäts-Übertragung» (Erikson), aber sie haben kaum die Rolle der konkreten Autonomie, die in der zweiten Hälfte der Kindheit erworben wurde (viertes Kapitel, Abschnitt V), und vor allem nicht die Rolle der kognitiven Konstruktionen gesehen, die jene Vorwegnahme der Zukunft und jene Öffnung für neue Werte ermöglichen, von denen wir eben gesprochen haben.

Die moralische Autonomie, die auf der interindividuellen Ebene mit 7 bis 12 Jahren beginnt, erwirbt mit dem formalen Denken tatsächlich eine neue Dimension im Umgang mit dem, was man die idealen oder supra-individuellen Werte nennen könnte. Der eine der Autoren hat einmal zusammen mit A. M. Weil[9] die Entwicklung der Vaterlandsidee studiert und dabei festgestellt, daß sie erst auf der Stufe von 12 und mehr Jahren einen adäquaten affektiven Wert erhielt. Dasselbe gilt für die Idee der sozialen Gerechtigkeit oder die verstandesmäßigen, ästhetischen oder sozialen Ideale. Aufgrund solcher Werte haben die Entscheidungen, die im Gegensatz oder in Ein-

---

7 A. Freud, Le moi et les mécanismes de défense. Deutsch: Das Ich und die Abwehrmechanismen.
8 E. Erikson, Kindheit und Gesellschaft.
9 J. Piaget und A. M. Weil, Le développement chez l'enfant de l'idée de patrie et des relations avec l'étranger.

klang mit dem Erwachsenen und vor allem in der Schule zu treffen sind, eine ganz andere Tragweite als in den kleinen sozialen Gruppen der Stufe der konkreten Operationen.

Die Möglichkeiten, die diese neuen Werte eröffnen, sind dem jungen Menschen selbst klar, der sich vom Kind dadurch unterscheidet, daß er Theorien aufstellen und sich um die Wahl einer Laufbahn kümmern kann, zu der er sich berufen fühlt und die ihm ermöglicht, seine Bedürfnisse nach sozialer Reform und Schaffung neuer Ideen zu befriedigen. Der junge Mensch in der Voradoleszenz ist noch nicht auf dieser Stufe, aber zahlreiche Anzeichen weisen in dieser Übergangsphase darauf hin, daß der Aufbau der Ideen oder die Strukturierung der mit Zukunftsprojekten verbundenen Werte beginnt. Leider gibt es zu diesem Thema kaum Untersuchungen[10].

10 Was unter anderem darauf zurückzuführen ist, daß wir heute wissen, wie sehr die Ergebnisse bekannter Untersuchungen über die Adoleszenz (Stanley Hall, Mendousse, Spranger, Ch. Bühler, Debesse usw.) an unsere Gesellschaftsformen und auch an bestimmte soziale Klassen gebunden sind, so daß man sich fragen kann, ob die oft beschriebenen «Krisen» nicht eine Art soziale Artefakte sind. M. Mead auf Samoa und Malinowski auf Neuguinea haben nicht dieselben affektiven Äußerungen gefunden, und Schelsky zeigt in seiner Untersuchung über *Die skeptische Generation* ihre Transformationen in unseren eigenen Gesellschaften. Ein wesentlicher soziologischer Faktor ist andererseits die Wertschätzung des jungen Menschen in der Adoleszenz oder Voradoleszenz durch die Erwachsenengesellschaft: eine «quantité négligeable» in den konservativen Gesellschaften, ein Mensch von morgen in den in voller Entwicklung begriffenen Ländern – es versteht sich von selbst, daß diese Faktoren, zusätzlich zur Wertschätzung in der Familie, eine wesentliche Rolle in dieser komplexen Entwicklung spielen.

# SCHLUSSFOLGERUNG
## DIE FAKTOREN DER GEISTIGEN
## ENTWICKLUNG

Die geistige Entwicklung des Kindes erscheint insgesamt als eine Folge von drei großen Konstruktionen: jede führt die frühere weiter, indem sie sie zunächst auf einer neuen Ebene neu konstruiert und sie dann immer umfassender überholt. Das gilt schon für die erste, denn der Aufbau der senso-motorischen Schemata verlängert und überholt den der organischen Strukturen im Laufe der Embryogenese. Dann verinnerlicht der Aufbau der semiotischen Funktionen, des Denkens und der interindividuellen Beziehungen diese Aktionsschemata, indem er sie auf dieser neuen Ebene der Vorstellung rekonstruiert und überholt, bis das System der konkreten Operationen und der Kooperationsstrukturen ausgebildet ist. Von 11 bis 12 Jahren an schließlich strukturiert das sich entwickelnde formale Denken die konkreten Operationen um, indem es sie neuen Strukturen unterordnet, deren Entwicklung während der Adoleszenz und des ganzen späteren Lebens (mit vielen anderen Transformationen zusammen) andauert.

Diese Integration von aufeinanderfolgenden Strukturen, von denen jede die nächste aufbaut, macht es möglich, die Entwicklung in große Perioden oder Stadien und in Unterperioden oder Unterstadien zu unterteilen, die den folgenden Kriterien genügen müssen: 1. Ihre Reihenfolge ist konstant, obwohl das durchschnittliche Alter von einem Individuum zum anderen je nach Intelligenzgrad oder von einem gesellschaftlichen Milieu zum anderen ändern kann. Der Ablauf der Stadien kann somit beschleunigt oder verzögert sein, aber die Reihenfolge bleibt in den Bereichen (Operationen usw.), in denen man von solchen Stadien sprechen kann, dieselbe. 2. Jedes Stadium ist durch eine Gesamtstruktur gekennzeichnet, durch die man die wichtigsten einzelnen Reaktionen erklären kann. Man kann sich somit nicht mit einer Bezugnahme auf diese begnügen oder darauf beschränken, das Vorherrschen des einen oder anderen Merkmals zu betonen (wie bei den Stadien Freuds oder Wallons). 3. Diese Gesamtstrukturen sind integrativ und lösen einander nicht ab: jede geht aus der vorhergehenden hervor, indem sie sie als untergeordnete Struktur integriert, und bereitet die nächste vor, indem sie sich früher oder später in sie integriert.

Das große Problem, das die Existenz einer solchen Entwicklung und die integrative Richtung, die man in ihr erkennen kann, *a posteriori* stellen, ist dann, ihren Mechanismus zu erkennen. Eine Frage, die sich übrigens schon früher die Embryologen stellen, wenn sie untersuchen, in welchem Maße die ontogenetische Organisation die Folge einer Präformation oder Epigenese ist und welche Prozesse kausaler Ordnung dafür verantwortlich sind. Man kann nur sagen, daß wir erst vorläufige Lösungen vorlegen und daß die zukünftigen Erklärungen nur befriedigen können, wenn es ihnen gelingt, die Interpretationen der Embryogenese, des organischen Wachstums und der geistigen Entwicklung zu einer harmonischen Ganzheit zusammenzufassen.

Bis dahin müssen wir uns mit der Erörterung der vier allgemeinen Faktoren begnügen, die bis jetzt der geistigen Entwicklung zugeschrieben werden:

1. Das organische Wachstum und besonders die Reifung des Komplexes Nervensystem–Hormonsystem. Es kann tatsächlich nicht daran gezweifelt werden, daß einige Verhaltensweisen mehr oder weniger direkt von der einsetzenden Funktionstüchtigkeit bestimmter Apparate und Nervenbahnen abhängen. Das gilt für die Koordinierung des Sehens und des Greifens mit ungefähr $4^{1}/_{2}$ Monaten (Tournay); die organischen Bedingungen der Wahrnehmung sind erst in der Adoleszenz voll erfüllt, während die Netzhaut schon sehr früh leistungsfähig ist (vgl. Fußnote 1 des zweiten Kapitels); die Reifung spielt während des ganzen geistigen Wachstums eine Rolle.

Doch welche Rolle? Wir müssen gleich zugeben, daß wir über die Einzelheiten sehr wenig wissen und insbesondere die Reifungsbedingungen sozusagen gar nicht kennen, die die Ausbildung der großen operativen Strukturen ermöglichen. Dort, wo wir etwas wissen, sehen wir dann, daß die Reifung im wesentlichen darin besteht, neue Möglichkeiten zu schaffen, und folglich eine notwendige Bedingung für das Auftreten bestimmter Verhaltensweisen darstellt. Aber sie ist keine ausreichende Bedingung, denn die so geschaffenen Möglichkeiten müssen auch verwirklicht werden, und zu diesem Zweck muß die Reifung ergänzt werden durch ein funktionelles Einüben und ein Mindestmaß an Erfahrung. Je weiter schließlich die Erwerbungen von den senso-motorischen Ursprüngen entfernt sind, um so mehr ändert sich ihre Chronologie, und zwar nicht die Reihenfolge, aber der Zeitpunkt des Auftretens: diese Tatsache zeigt mit aller Deutlichkeit, daß die Reifung immer weniger allein am Werk ist und daß die Einflüsse des physischen oder sozialen Milieus an Bedeutung gewinnen.

Mit einem Wort, die organische Entwicklung bildet sicher einen notwendigen Faktor, der insbesondere für die unveränderliche Reihenfolge der Stadien eine zweifellos wichtige Rolle spielt, doch sie erklärt nicht die ganze Entwicklung, sondern ist nur ein Faktor unter anderen.

2. Ein zweiter grundlegender Faktor ist die Rolle der Übung und der Erfahrung, die in der auf die Gegenstände ausgeübten Aktion (im Gegensatz zur sozialen Erfahrung) erworben werden. Dieser Faktor ist bis zur Ausbildung der logisch-mathematischen Strukturen ebenfalls wesentlich und notwendig. Es handelt sich um einen komplexen Faktor, und er erklärt nicht alles, was auch der Empirismus dazu sagen mag. Er ist komplex, weil es zwei Arten von Erfahrung gibt: *a)* die physische Erfahrung, die darin besteht, auf die Gegenstände einzuwirken, um ihre Eigenschaften abzuleiten (zum Beispiel zwei Gewichte unabhängig vom Volumen zu vergleichen), und *b)* die logisch-mathematische Erfahrung, die darin besteht, auf die Gegenstände einzuwirken, aber um das Ergebnis der Koordinierung der Aktionen kennenzulernen (zum Beispiel wenn ein 5- bis 6jähriges Kind empirisch entdeckt, daß die Summe eines Systems unabhängig von der räumlichen Anordnung der Elemente oder ihrer Reihenfolge ist). In diesem Fall ist das Erkennen von der Aktion (die ordnet oder verbindet) und nicht von den Gegenständen abgeleitet, so daß die Erfahrung bloß die praktische und sozusagen motorische Phase dessen darstellt, was die spätere operative Deduktion sein wird: das hat nichts mehr zu tun mit der Erfahrung im Sinne einer Einwirkung des äuße-

ren Milieus, denn es handelt sich im Gegenteil um ein konstruktives Tun, das das Subjekt auf die äußeren Objekte ausübt. Was die physische Erfahrung angeht, so ist sie nicht eine bloße Aufzeichnung des Gegebenen, sondern sie stellt eine aktive Strukturierung dar, denn sie ist immer *Assimilation* an logisch-mathematische Rahmen (zwei Gewichte vergleichen setzt eine «Bezug»setzung, also den Aufbau einer logischen Form voraus). Dieses ganze Buch zeigt aber einmal mehr, daß die Ausbildung der logisch-mathematischen Strukturen (von der senso-motorischen Stufe bis zum formalen Denken) dem physischen Erkennen vorausgeht: der permanente Gegenstand (erstes Kapitel, Abschnitt II) entspricht bereits der «Gruppe» der Ortsveränderungen, ebenso die Variation der physikalischen Faktoren (fünftes Kapitel, Abschnitt IV) einer Kombinatorik und der Vierer«gruppe». Die logisch-mathematischen Strukturen sind also auf die Koordinierung der Aktionen des Subjekts und nicht auf den Druck des physischen Gegenstandes zurückzuführen.

3. Der dritte grundlegende Faktor, der aber allein auch wieder nicht genügt, sind die sozialen Interaktionen und Übermittlungen. Er ist notwendig und wesentlich, aber er genügt aus denselben Gründen nicht, auf die wir eben bei der physischen Erfahrung hingewiesen haben. Einerseits ist die Sozialisierung eine Strukturierung, zu der das Individuum ebensoviel beiträgt, wie es erhält: daher die Solidarität und der Isomorphismus zwischen den «Operationen» und der «Kooperation» (um es mit ein oder zwei Wörtern zu sagen). Andererseits ist die soziale Aktion sogar im Falle von Übermittlungen, bei denen das Subjekt noch am meisten als aufnehmend erscheint, etwa die Übermittlung in der Schule, unwirksam ohne eine aktive Assimilation des Kindes, was adäquate operative Werkzeuge voraussetzt.

4. Doch drei ungleichartige Faktoren ergeben keine gelenkte Entwicklung mit so einfacher und regelmäßiger Richtung wie die der drei großen aufeinanderfolgenden Strukturen. Da die Rolle des Subjekts und der allgemeinen Koordinierungen der Aktion in dieser Entwicklung bekannt ist, könnte man an einen aprioristisch oder nach einer inneren Finalität zum voraus festgelegten Plan denken. Doch ein apriorischer Plan kann sich biologisch nur durch die Mechanismen

der Angeborenheit und der Reifung verwirklichen: wir haben aber gesehen, daß sich die Tatsachen so nicht ausreichend erklären lassen. Was die Finalität betrifft, so ist sie ein subjektiver Begriff, und eine gelenkte Entwicklung (das bedeutet eine Entwicklung, die einer Richtung folgt, und sonst nichts) setzt nicht notwendig einen vorbestimmten Plan voraus: als Beispiel sei die thermodynamische Entropie mit ihrer Tendenz zum Ausgleich genannt. Im Falle der Entwicklung des Kindes gibt es keinen zum voraus festgelegten Plan, sondern einen fortschreitenden Aufbau, so daß jede Neuerung nur aufgrund der vorausgehenden möglich wird. Man könnte sagen, der zum voraus festgelegte Plan werde durch das Modell des erwachsenen Denkens nahegelegt, aber der junge Mensch versteht dieses nicht, bevor er es nicht rekonstruiert hat, und dieses Denken selbst stellt die Resultante eines ununterbrochenen Aufbaus während Generationen dar, die alle eine Kindheit durchlaufen haben: die Erklärung der Entwicklung muß also diese beiden Dimensionen berücksichtigen, eine ontogenetische und eine soziale im Sinne der Übermittlung der jeweiligen Arbeit von Generationen, doch das Problem stellt sich in zum Teil analoger Weise, denn hier wie dort ist die zentrale Frage die nach dem inneren Mechanismus eines jeden Konstruktivismus.

Ein solcher innerer Mechanismus (der aber nicht auf Angeborenheit und einen zum voraus festgelegten Plan zurückgeführt werden kann, denn es gibt einen wirklichen Aufbau) ist tatsächlich bei jeder Teilkonstruktion und bei jedem Übergang von einem Stadium zu einem anderen beobachtbar: er ist ein Ausgleichsprozeß, nicht im Sinne eines bloßen Gleichgewichts der Kräfte wie in der Mechanik oder einer Zunahme der Entropie wie in der Thermodynamik, sondern im Sinne, wie er heute dank der Kybernetik bekannt ist, einer Selbstregulierung, das heißt einer Folge von aktiven Kompensationen des Subjekts als Antwort auf die äußeren Störungen und einer gleichzeitig rückwirkenden (Rückkopplungsysteme oder Feedbacks) und vorausgreifenden Regulierung, die ein permanentes System solcher Kompensationen darstellt.

Man hat vielleicht den Eindruck, diese vier wichtigen Faktoren würden im wesentlichen die intellektuelle und kognitive Entwicklung des Kindes erklären, und man müsse deshalb die Entwicklung der Affektivität und der Motivierung für sich betrachten. Man wird vielleicht sogar behaupten, diese dynamischen Faktoren lieferten den Schlüssel zur ganzen geistigen Entwicklung, und die Bedürfnisse zu wachsen, sich zu bestätigen, zu lieben und geachtet zu werden, stellten letzten Endes die Antriebskräfte der Intelligenz und ebenso der Verhaltensweisen in ihrer Gesamtheit und in ihrer wachsenden Komplexität dar.

Wir haben wiederholt gesehen, die Affektivität ist die Energetik der Verhaltensweisen, deren kognitiver Aspekt sich nur auf die Strukturen bezieht. Es gibt deshalb kein Verhalten, so intellektuell es auch sein mag, das nicht als Triebfedern affektive Faktoren enthalten würde; doch umgekehrt kann es auch keine affektiven Zustände geben, ohne daß Wahrnehmungen und Anschauungen mitwirken, die ihre kognitive Struktur ausmachen. Das Verhalten ist folglich eins, auch wenn seine Strukturen nicht seine Energetik erklären und umgekehrt die Energetik die Strukturen unberücksichtigt läßt: der affektive und der kognitive Aspekt sind weder voneinander zu trennen noch aufeinander zurückzuführen.

Eben diese Einheit des Verhaltens zeigt, daß die Entwicklungsfaktoren für beide Aspekte, den kognitiven und den affektiven, dieselben sind, und die Tatsache, daß sie nicht aufeinander zurückzuführen sind, schließt in keiner Weise eine funktionelle Parallelität aus, die in den Einzelheiten sogar recht eindrücklich ist (wie wir bei den «Objektbeziehungen», den interindividuellen Beziehungen oder den moralischen Gefühlen gesehen haben). Die Gefühle haben unbestreitbar erbliche (oder instinktive) Wurzeln, die der Reifung unterliegen. Sie vermannigfaltigen sich im Laufe der gelebten Erfahrung. Sie werden durch den interindividuellen oder sozialen Ausgleich grundlegend bereichert. Doch über diese drei Faktoren hinaus gehören zu ihnen auch Konflikte oder Krisen und Wiederausgleichungen, da die Persönlichkeitsbildung beherrscht wird vom Suchen einer gewissen Kohärenz und einer Organisation der Werte, die ein inneres Zerrissensein verhindern (oder daraus neue systematische Perspektiven wie die «Zweideutigkeit» und andere subjektive Synthesen ziehen). Ohne daß wir an die Funktionsweise der moralischen Gefühle mit ihrem normativen Gleichgewicht, das den operativen Strukturen so nahe steht, erinnern müssen, ist es folglich ausgeschlossen, daß man die Entwicklung des affektiven Lebens und der Motivierungen erklären kann, ohne die wichtige Rolle der Selbstregulierungen zu betonen, deren Bedeutung übrigens alle Schulen, wenn auch unter verschiedenen Namen, unterstrichen haben.

Diese Interpretation macht es möglich, die Gesamtheit der bekannten Tatsachen ziemlich gedrängt in den Griff zu bekommen, zunächst weil eine Ausgleichung notwendig ist, um die Beiträge der Reifung, der Erfahrung der Gegenstände und der sozialen Erfahrung in Einklang zu bringen. Weiter haben wir schon im Abschnitt III des ersten Kapitels gesehen, daß sich die senso-motorischen Strukturen von den frühen Rhythmen zu den Regulierungen und von diesen zu einem Ansatz von Reversibilität entwickeln. Die Regulierungen hängen aber direkt mit der hier betrachteten Methode zusammen, und die ganze spätere Entwicklung (ob es sich um das Denken oder die moralische Reziprozität oder die Kooperation handelt) ist ein stetiger Fortschritt, der von den Regulierungen zur Reversibilität und zu deren ständigen Ausweitung führt. Was die Reversibilität betrifft, so ist sie nichts anderes als ein vollständiges, das heißt völlig ausgeglichenes System von Kompensationen, so daß jeder Transformation die Möglichkeit einer inversen oder reziproken zugeordnet ist.

Die Ausgleichung durch Selbstregulierung stellt also den Prozeß dar, der die beschriebenen Strukturen ausbildet. Die Psychologie des Kindes ermöglicht es, ihre Ausbildung zu verfolgen, und zwar nicht im Abstrakten, sondern in der lebendigen und gelebten Dialektik der jungen Menschen, die sich in jeder Generation wieder den gleichen und neuen Problemen gegenübergestellt sehen, wobei sie alles in allem manchmal zu Lösungen kommen, die etwas besser als die der früheren Generationen sein können.

# BIBLIOGRAPHIE

*Anthony, J.*, Six applications de la théorie génétique de Piaget à la théorie et à la pratique psychodynamique. Revue suisse de Psychologie, XV, Nr. 4, 1965.

*Bartlett, F. C.*, Remembering. Cambridge University Press, 1932.

*Bellugi* und *Brown*, The Acquisition of Language. Monographs of the Society for Research in Child Development. Nr. 92, 1964.

*Bovet, P.*, Les conditions de l'obligation de conscience. Année psychologique, 1912.

*Bühler, Charlotte*, Kindheit und Jugend. Genese des Bewußtseins. 5. Aufl., Verlag für Psychologie, Gütersloh.

*Buytendijk, F. J.*, Wesen und Sinn des Spiels. Wolff, Berlin 1934.

*Erikson, E.*, Kindheit und Gesellschaft. 3. Aufl., Klett, Stuttgart 1968.

*Escalona, S. K.*, Patterns of Infantile Experience and the Developmental Process. The Psychoanalytic Study of the Child, vol. XVIII (1963).

*Fraisse, P.*, und *Piaget, J.*, La perception, Fascicule VI, und L'intelligence, Fascicule VII: Traité de psychologie expérimentale. Presses Universitaires de France, Paris 1963.

*Freud, A.*, Das Ich und die Abwehrmechanismen. Kindler Taschenbücher, Bd. 2001.

*Gouin-Décarie, Th.*, Intelligence et affectivité chez le jeune enfant. Delachaux & Niestlé, Neuchâtel 1962.

*Grandjouan, J. O.*, Les jeux de l'esprit. Edition du Scarabée, Paris 1963.

*Guex, G.*, Les conditions intellectuelles et affectives de l'Oedipe. Revue française de psychanalyse, Nr. 2, 1949, Seite 257–276.

*Inhelder, B.*, und *Piaget, J.*, La genèse des structures logiques élémentaires chez l'enfant. Delachaux & Niestlé, Neuchâtel 1959.

– –, De la logique de l'enfant à la logique de l'adolescent. Presses Universitaires de France, Paris 1955.

*Laurendeau, M.*, und *Pinard, A.*, La pensée causale chez l'enfant. Presses Universitaires de France, Paris 1962.

*Luquet, G.*, Le dessin enfantin. Alcan, 1927.

*Michotte, A.*, La perception de la causalité. Publications Universitaires de Louvain, 2. Aufl., 1954.

*Moreno, J.-L.*, Die Grundlagen der Soziometrie. Wege zur Neuordnung der Gesellschaft. 2. erw. Aufl., Westdeutscher Verlag, Köln 1967.

*Nielsen, R. F.*, Le développement de la sociabilité chez l'enfant. Delachaux & Niestlé, Neuchâtel 1951.

*Odier, Ch.*, L'angoisse et la pensée magique. Delachaux & Niestlé, Neuchâtel 1947.

*Oléron* und *Herren*, L'acquisition des conservations et le langage. Enfance, 1961, 41, 201–219.

*Piaget, J.*, Die Bildung des Zeitbegriffs beim Kinde. Rascher, Zürich 1955 (jetzt: Walter-Verlag, Olten).

- La causalité physique chez l'enfant, Alcan 1927.

- La construction du réel chez l'enfant. Delachaux & Niestlé, Neuchâtel 1937.

- Das Erwachen der Intelligenz beim Kinde. Mit einer Einführung von Hans Aebli. Klett, Stuttgart 1969.

- Les mécanismes perceptifs. Presses Universitaires de France, Paris 1961.

- Das moralische Urteil beim Kinde. Rascher, Zürich 1954 (jetzt: Walter-Verlag, Olten).

- Nachahmung, Spiel und Traum. Die Entwicklung der Symbolfunktion beim Kinde. Mit einer Einführung von Hans Aebli. Klett, Stuttgart 1969.

- Les notions de mouvement et de vitesse chez l'enfant. Presses Universitaires de France, Paris 1945.

- Psychologie der Intelligenz. Mit einer Einführung von Hans Aebli. 4. Aufl., Walter-Verlag, Olten 1972.

- La représentation du monde chez l'enfant. Presses Universitaires de France, Paris 1947.

- , und *Inhelder, B.*, Die Entwicklung der physikalischen Mengenbegriffe beim Kinde. Erhaltung und Atomismus. Mit einer Einführung von Hans Aebli. Klett, Stuttgart 1969.

- - La genèse de l'idée de hasard chez l'enfant. Presses Universitaires de France, Paris 1951.

- - L'image mentale chez l'enfant. Presses Universitaires, Paris 1966.

- - La représentation de l'espace chez l'enfant. Presses Universitaires de France, Paris 1947.

- - und *Szeminska, A.*, La géometrie spontanée chez l'enfant. Presses Universitaires de France, Paris 1948.

- und *Szeminska, A.*, Die Entwicklung des Zahlbegriffs beim Kinde. Mit einer Einführung von Hans Aebli. 2. Aufl., Klett, Stuttgart 1969.

- und *Weil, A. M.*, Le développement chez l'enfant de l'idée de patrie et des relations avec l'étranger. Bull. international des Sciences sociales Unesco, Band III, 1951, Seite 605–621.

*Reymond-Rivier, B.*, Choix sociométriques et motivations. Delachaux & Niestlé, Neuchâtel 1961.

*Spitz, R.*, Vom Säugling zum Kleinkind. Naturgeschichte der Mutter-Kind-Beziehungen im ersten Lebensjahr. 2. Aufl., Klett, Stuttgart 1969.

- und *Cobliner, W. G.*, De la naissance à la parole. La première année de la vie. Presses Universitaires de France, Paris 1968.

*Vincent-Borelli*, La naissance des opérations logiques chez les sourds-muets. Enfance, 1951 (4), 222–238, und Enfance, 1956, 1–20.

*Vygotsky*, Thought and Language. Wiley & Sons, Chichester 1962.

*Wallon, H.*, De l'acte à la pensée. Flammarion, Paris 1942.

–   L'étude psychologique et sociologique de l'enfant. Cahiers internationaux de sociologie. 2. Aufl. 1947, Vol. 3, Seite 3–23.

–   Les origines du caractère, Presses Universitaires de France, Paris 1949.

*Wertheimer, M.*, Produktives Denken. 2. Aufl., Kramer, Freiburg 1964.

*Zazzo, R.*, Les jumeaux. Presses Universitaires de France, Paris 1960.